河北省教育厅 2023 年省级研究生精品课“创新与创业管理”
（项目编号：KCJPX2023045）资助

商业计划书撰写技巧与案例

初汉芳 著

燕山大学出版社
·秦皇岛·

图书在版编目（CIP）数据

商业计划书撰写技巧与案例 / 初汉芳著. -- 秦皇岛 : 燕山大学出版社, 2025. 3. -- ISBN 978-7-5761-0849-1

Ⅰ. F712.1

中国国家版本馆 CIP 数据核字第 2025QE0785 号

商业计划书撰写技巧与案例

SHANGYE JIHUASHU ZHUANXIE JIQIAO YU ANLI

初汉芳 著

出 版 人：陈　玉
责任编辑：张文婷
责任印制：吴　波
封面设计：刘韦希
出版发行：燕山大学出版社
电　　话：0335-8387555
地　　址：河北省秦皇岛市河北大街西段 438 号
邮政编码：066004
印　　刷：涿州市般润文化传播有限公司
经　　销：全国新华书店

开　　本：710 mm×1000 mm　1/16
印　　张：11.25
版　　次：2025 年 3 月第 1 版
印　　次：2025 年 3 月第 1 次印刷
书　　号：ISBN 978-7-5761-0849-1
字　　数：180 千字
定　　价：65.00 元

目　录

第 1 章　商业计划书概述

核心问题：

□商业计划书是什么？

□商业计划书的作用和功能是什么？

□商业计划书由哪几部分组成？

□商业计划书如何呈现？

1.1 商业计划书的内涵

80%的创意不能形成商机，80%的商机找不到良好的商业模式，80%的商业模式没有演化为商业计划，80%的商业计划永远只是商业计划！

只有一个好的创意是远远不够的，还需要持续落地。抱着电脑，带着商业计划书，辗转于各个创业咖啡馆，充满激情地进行一场又一场的路演，已经成为当代创业者推广项目的手段。创业者不停演绎从创意到商业模式、到商业计划的演变过程，如同讲述一只只毛毛虫变成蝴蝶的故事。商业计划书是获取投资者青睐的敲门砖，也是公司的一个全方位计划。

1.商业计划的概念

商业计划是创业团队对企业创建过程的设计与规划，既可以为创业者行动提供指导，也可以为创业者与外界沟通提供依据。

商业计划不等于商业计划书，很多创业者都陷入了误区，过于追求商业计划书写作，而忽略了商业计划本身。商业计划，首先是计划，应符合计划的相关特征：明确且可以量化的目标、可行的方案、可考核的成果、截止日期。商业计划书是商业计划的结果，是商业计划的书面表现方式。

2.商业计划书的概念

商业计划书不仅是一种业务构思策划、信息披露和吸引投资者的宣传书，更是以后企业运行的指导书。商业计划对创业者、潜在的投资者甚至新员工都很有价值，他们通过商业计划来了解创业企业的目标、战略、具体策略和计划。商业计划书既是一项创业活动前期工作的总结，也是一项创业活动新的阶段的开始。

商业计划书是一份全方位描述企业发展的文件，是企业经营者素质的体现，是企业拥有良好融资能力、实现跨越式发展的重要条件之一。一份完备的商业计划书，不仅是企业能成功融资的关键因素，同时也是企业发展的核心管理工具。

商业计划书是目前市场应用最多的应用写作文体之一。它的读者除风险资本家及其他的投资者外，还可能是雇员、银行家、供应商、顾客以及顾问等。计划书的读者是谁，常常会影响到计划的实际内容和计划的焦点问题，因为不同的读者都抱着各自不同的目的阅读计划，创业者必须准备面对他们所考虑的各种问题。

对已建的风险企业来说，商业计划书可以为企业的发展定下比较具体的方向和重点，从而使员工了解企业的经营目标，并激励他们为共同的目标而努力奋斗。更重要的是，它可以使企业的出资者以及供应商、销售商等了解企业的经营状况和经营目标，说服投资者（现实的或者潜在的）为企业的进一步发展提供所需资金。

3.商业计划书的作用

（1）有利于创业者整体地把握创业思路

著名投资家尤金·克雷那说：“如果你想踏踏实实地做一份工作的话，写一份创业计划书，它能迫使你进行系统的思考。有些创意可能听起来很棒，但是当你把所有细节和数据写下来的时候，它自己就崩溃了。”一个酝酿中的项目，往往很模糊，通过制订创业计划书，逐条推敲，对项目认识更加清晰。

一般来讲，每一位创业者或者潜在创业者在创业之初都会对拟创建企业的发展方向及经营思路有一个粗略的设想。创业者如果把设想细化成规范的创业计划，就会发现自己所要从事的事业原来并非如自己所设想的那样。例如，市场增长率不像期待得那样高，或者自己的资金不足等，有时候还不得不放弃创业的念头。而这也正是创业计划的意义所在，即帮助创业者客观地、严格地从整体角度观察自己的创业思路、明确经营理念，以避免因企业破产或失败而导致的巨大损失。另外，在研究和编写创业计划书的过程中，经常会发现创业机会并不完全与期望的一样；但如果对创业活动作一些调节，成功的机会可能会更大。此时，创业者会根据实际情况采用不同的策略使创业活动更加可行。因此，创业计划书的编写过程就是创业者进一步明确自己的创业思路和经营理念的过程，也就是创业者从直观感受向理性运作过渡的过程。“计划的过程”才是最有意义的。

硅谷著名的创业家和风险投资者盖伊·卡韦萨基曾经这样说过：“一旦他们将创业计划书写到纸上，那些希望改变世界的天真想法就会变得实实在在且冲突不断。因此，文件本身的重要性远不如形成这个文件的过程。即使你并不试图去筹资，你也应当准备一份创业计划书。”这正是证明了创业计划书的重要作用。

（2）有利于创业者有效管理企业

一份切实可行的商业计划书，是整个创业的行动纲领，是脚踏实地的行动计划。它可以增加创业者的创业信心，创业者会明显感到对企业更容易进行控制、对经营更容易把握。这是因为创业计划提供了企业全部现状及其发展方向，同时创业计划又为企业提供了良好的效益评价体系及管理监控标准，使创业者在管理企业的过程中对企业发展的每一步都作出客观的评价，及时根据具体的经营情况调整经营目标，完善管理办法。

同时，在创业的过程中，各种生产要素是分散的，各种信息是凌乱的，各种工作是互不衔接的。通过编写创业计划书的过程，梳理思路，进行调研，完善信息，找到各种程序之间的衔接点，最终把各种资源有序地整合起来，进行最佳的要素组合。这种整合，能把各种分散的资源聚拢起来，形成一种增量资源，实现理想的企业业绩。

案例：商业计划书带来的新事业

LiveHealthier.con 的创始人玛丽·莫斯兰德这样描述自己曾利用商业计划书获得创业资助的经历：我出席了一次由地方商会组织的女性创业大会。在那里，我得知了马里兰州技术开发中心，它是一家专门为生物技术和 IT 产业服务的孵化器。我撰写了一份包含融资方案在内的创业计划书，并把它递交给了由 15 人组成的委员会。他们正在寻找有希望的新创企业，最终能够在马里兰州雇佣员工，成为纳税的企业公民。 我被接受了，并于 2005 年 5 月 9 日落户马里兰州技术开发中心孵化区内。我每月为 200 平方英尺的办事处支付 495 美元，如此低的价格在市场上是无法想象的。并且，我获得了处理事务过程中的必要资源，如集中化的接待员、会议室、产品和邮件空间，同时，借助马里兰州和知识产权法律资源中心，我还免费获得了关于知识产权事务的法律服务。

1.2 商业计划书的功能、内容与模式

1.商业计划书的功能

好的商业计划要通过好的商业计划书来体现。商业计划书不仅仅用于吸引投资，还有其他功能。商业计划书有四大功能：设计工具、沟通工具、管理工具、承诺工具。

（1）设计工具

商业计划书是创业者设计创业蓝图和规划创业战略的重要手段。先设计后行动，可以降低创业风险，提高创业效率。

（2）沟通工具

通过向利益相关者系统展示创业计划，以吸引投资商投资、获取金融机构贷款、享受政府优惠政策、招募合伙人、激发内部员工等。

（3）管理工具

一份好的商业计划书应包含明确的目标、详细的方案、清晰的路径、可考核的指标，是创业团队的决策基础、行动指南和考核依据。

（4）承诺工具

商业计划书既是创业者对投资商和借款人关于业绩回报的承诺，也是对合伙人和员工关于公司愿景的承诺。

商业计划书不仅仅用于吸引投资商投资，更是通过计划，让投资商、借款人、政府、合伙人、管理层、员工了解创业过程，增强凝聚力，围绕一个共同的方向和目标而努力。

2.商业计划书的内容

商业计划书主要包括执行摘要、组织计划、产品或服务、市场与竞争、营销计划、财务计划、风险估计、管理团队等内容。商业计划书通常没有固定不变的格式，但一定要包括创业基本要素中的主要内容。商业计划书可以为潜在的投资者描绘一个完整的创业企业的宏伟蓝图，并帮助创业者进一步深化对创业企业经营的思考。

以获取投资为目的的商业计划书一般包括五个部分（4W1H 框架）：创业团队（who）、用户问题（why）、解决方案（what）、运营模式（how）、资源诉求（what else）。

（1）创业团队

描述创业团队成员的角色、职责、经历、技能以及能整合的资源。

（2）用户问题

描述用户属性、当前面临的最严重问题或未满足的需求。用户是使用产品或服务的人，企业所服务的对象。

（3）解决方案

产品原型描述，包括产品名称、产品价值、产品功能、产品亮点以及能表现产品原型的草图。

（4）运营模式

描述企业如何运营，包括商业模式、创业财务、创业风险和关键事件节点四个部分。商业模式画布既能反映价值创造的逻辑即财务，也能反映创业的风险。

（5）资源诉求

对资源的诉求，包括资本、技术、关键人员、客户、品牌、渠道等资源以及资源使用计划。

商业计划书不仅仅面向投资商，团队沟通、招募合伙人、获取政府政策都需要它，其关键是要清晰地呈现创业者的商业计划，而内容和逻辑可以根据阅读对象进行动态调整。

3.商业计划书的模式

下面图 1-1 和图 1-2 所示是几个商业计划书文本大纲模板。

Ⅰ. 商业计划摘要

Ⅱ. 行业分析

行业现状

对将来的展望和发展趋势及行业竞争者分析

市场划分

Ⅲ. 企业描述

产品

服务

企业规模

Ⅳ. 生产计划

生产工艺流程

厂址选择

机器和设备

原材料和供应商

环保要求

Ⅴ. 市场营销计划

市场细分

目标市场

营销策略

产品

定价

销售渠道

促销

服务

客户

Ⅵ. 组织和管理计划

管理体系

人力资源管理

企业日常管理

Ⅶ. 投资和财务分析

损益预估表

现金流预测

资产负债预估表

盈亏平衡分析

资金来源和运用

Ⅷ. 风险估计及退出

经营投资风险

技术风险

财务风险

风险退出——应急计划

Ⅸ. 附表（包括补充材料）

产品技术检测报告

租约或合同

市场研究数据

供应商的报价单

公司章程

公司相关管理制度

其他

图 1-1　商业计划书文本大纲模板一

资料来源：郑炳章等，创业计划及其竞赛的研究、应对与启示——大学生创新创业教育的探索与实践，北京理工大学出版社，2005 年版。

1. 执行概要
   1.1 目标
   1.2 任务
   1.3 关键因素
2. 公司情况
   2.1 公司所有权结构
   2.2 公司历史
   2.3 公司现状
   2.4 商业模式
   2.5 其他情况
3. 产品及服务
   3.1 产品及服务描述
   3.2 产品优势
   3.3 切入产品或服务
   3.4 产品资源
   3.5 产品技术
   3.6 未来发展
4. 市场分析
   4.1 市场组成
   4.2 目标市场
   4.3 行业分析
   4.4 竞争分析
5. 策略分析
   5.1 价值体现
   5.2 市场策略
   5.3 销售策略
   5.4 战略联盟
   5.5 进度计划
6. 管理团队
   6.1 组织结构
   6.2 管理团队
   6.3 管理团队空缺
   6.4 激励方案
7. 财务分析
   7.1 重要前提
   7.2 投资回报
   7.3 财务指标
   7.4 盈亏平衡分析
   7.5 利润分析
   7.6 现金流分析
   7.7 资产负债分析
   7.8 财务结构分析

附录：公司文件（营业执照、专利证书、历史合同、各类认证、过去两年及最近月份的财务报表等）

图 1-2　商业计划书文本大纲模板二

商业计划书无论是从创业者角度、消费者（市场）角度还是从投资者角度，都具有一般的格式要求，形成特定的行业规范，尤其是出于融资目的考虑时，商业计划书的格式就要更加规范了。

完整的商业计划一般包括执行总结、公司概况、产品或服务、市场分析、竞争分析、营销策略、财务分析、风险分析和附录等九个方面。下面我们对各个部分的内容进行简单的描述。

（1）执行总结

此项创业计划的行业性质以及相关方向、创业机会是什么？是如何解决就业困境、开辟大学生自主创业道路的？为什么提出此项计划？填补了哪些市场空白？

（2）公司概况

公司的经营宗旨、经营目标、价值观是什么？它的远景规划如何？一个好的经营价值观可以提升商业计划的价值，因为企业的长期成功归根到底是一种文化和理念的成功。

（3）产品或服务

此项创业计划将提供给消费者什么？如何向消费者提供价值？此项创业计划的优势是什么？消费者将如何从中受益？是否符合人们的消费需求？给消费者提供的服务方式是什么？

（4）市场分析

此项创业计划估计拥有多少潜在用户（即市场的需求量）？发展规模如何？可以占据多大市场份额以及市场领域？如何发现潜在市场和打进潜在市场？是否存在进一步的市场开发战略（即发展前景）以及业务拓展方向和领域？

（5）竞争分析

此项创业计划的竞争对手分析，目前大学生就业竞争主要体现在什么方面？此项计划如何缓解就业竞争？是否存在竞争对手？竞争对手是谁？此项计划存在的竞争优势以及竞争劣势是什么？如何更加充分地发挥优势弥补劣势？是否存在可替代的创业规划？是否具有阻止其他竞争对手进入的壁垒（如技术、法规）？如何保护你的优势（如申请专利或者知识产权保护）？

（6）营销策略

是否存在先进的营销战略（通过广告、邮件、电视台广告推销或者展销促销等方式）？如何使用销售渠道？是否跟踪进行市场调查？如何降低生产成本、扩大销售量？如何制定销售价格（定价战略）？如何塑造品牌形象来吸引消费？

（7）财务分析

需要多少资金来实施该项创业计划？资金来源情况是什么？是否存在吸引投资者为创业计划投资的优势理由？资金的具体用途是什么？预计资金的盈利及亏损情况是怎样的？财务规划以及现金流动情况，制作简易的资产负债表和损益表。

（8）风险分析

风险系数如何？是自主经营投资，还是向风险投资家争取资金？同消极的就业分配的风险相比，优势劣势何在？是否存在投资风险以及防范风险的策略是什么？

（9）附录

支持上述信息的资料：管理层简历、技术资料、销售手册、产品图纸、媒体对本公司的报道以及其他需要介绍说明的地方。

1.3 撰写商业计划书

商业计划书写作既有一般文本写作的共性，又有商业计划书写作本身的特殊性，总体标准是让阅读对象在有效的时间看明白，并被内容吸引和打动。

1.写作流程

一份良好的商业计划书包括附录在内一般 20—40 页长，过于冗长的商业计划书会让人失去耐心。整个商业计划书的写作是一个循序渐进的过程，可以分成五个阶段完成。

第一阶段：初步提出计划的构想。

第二阶段：市场调查，和行业内的企业和专业人士进行接触，了解整个行业的市场状况，如产品价格、销售渠道、客户分布以及市场发展变化的趋势等因素。可以自行进行一些问卷调查，在必要时也可以求助于市场调查公司。

第三阶段：竞争者调查，确定你的潜在竞争对手并分析本行业的竞争方向，分销问题如何，形成战略伙伴的可能性大小，谁是你的潜在盟友。准备一份一到两页的竞争者调查小结。

第四阶段：财务分析，包括对公司的价值评估。必须保证所有的可能性都考虑到了。财务分析量化本公司的收入目标和公司战略。要求详细而精确地考虑实现公司所需的资金。

第五阶段：商业计划书的撰写与修改，根据所收集到的信息制定公司未来的发展战略，把相关的信息按照我们上面的结构进行调整，完成整个商业计划书的写作。在计划书完成以后仍然可以进一步论证计划的可行性，并根据信息的积累和市场的变化不断完善整个计划。

2.写作内容

写作内容包括：计划书摘要（或执行总结）、行业分析、新创企业描述三个部分。

（1）计划书摘要

计划书摘要列在商业计划书的最前面，它浓缩了商业计划书的精华。计划书摘要涵盖了计划书的要点，要求一目了然，以便读者能在最短的时间内评审计划并作出判断。

计划书摘要一般要包括以下内容：公司介绍、主要产品和业务范围、市场概貌、营销计划、生产管理计划、管理者及其组织、财务计划等。在计划书摘要中，创业者还必须要回答下列问题：企业所处的行业；企业经营的性质和范围；企业的主要产品；企业的市场、顾客及其需求；企业的合伙人、投资人；企业的竞争对手，竞争对手对企业的发展有何影响。

摘要要尽量简明、生动。特别要详细说明企业自身的不同之处以及企业获取成功的市场因素。首先，最好最后完成商业计划书的摘要部分，这样在动笔写摘要之前，就对整个商业计划有一个更加清晰准确的理解；其次，此部分要有针对性，不同投资者的兴趣和背景完全不同，他们看商业书的侧重点也各不相同，要对投资者进行一番调查研究，在摘要部分突出投资者最感兴趣的方面；最后，语言方面一定要生动，风格要开门见山，夺人眼目，一般此部分仅需 2—4 页 A4 纸就足够了，切忌行文烦琐冗长、含蓄晦涩，在写作完成之后要反复检查。

（2）行业分析

行业分析是企业编制商业计划书的基础之一，要在充分调研的基础上，对整个产业以及竞争状况进行充分翔实的分析。潜在的投资者往往需要根据多个指标来评价这个风险企业，了解企业在什么行业内竞争。行业分析应该包括对该行业的展望、竞争分析、目标市场的识别等内容。关于行业的展望，应该描述该行业的历史成绩和将来的发展趋势；关于竞争分析，应该识别每个主要的竞争对手，分析他们的优劣势，特别是分析竞争对手将如何影响该风险企业在市场上潜在的成功；关于目标市场的识别，应该对市场进行细分并识别目标市场。此外，创业者也应该提供该行业新产品开发的看法。

任何由行业或政府部门所作的预测都值得注意。一个高增长的市场可能会被潜在的投资者认为是非常有利的。

一些值得创业者考虑的行业分析中的关键问题，概括如下：

第一，在过去 5 年中，该行业的销售总额是多少？

第二，该行业预计的增长率如何？

第三，在过去 3 年中，该行业有多少新进入的公司？

第四，该行业最近有什么新产品上市？

第五，最类似的竞争者是谁？

第六，你的企业经营如何才能超过该竞争者？

第七，你的每个主要竞争者的销售额是在增长、减少还是保持稳定？

第八，你的每个竞争者的优势和劣势分别是什么？

第九，你的客户的特点是什么？

第十，你的客户与你的竞争者的客户有什么区别？

（3）新创企业描述

对新创企业的描述将使投资者明确企业经营的规模和范围。关键要素应包括产品和服务、企业的地点和规模、所需人员和办公设备、创业者的背景以及该风险企业的历史。

3.撰写商业计划书的注意事项

商业计划书的各个方面都会对筹资的成功与否产生重要影响。因此，在商业计划书完成之后，最好再对计划书进行检查，该计划书是否能准确回答投资者的疑问，争取投资者对本企业的信心。通常，撰写商业计划书有以下几项注意事项：

（1）你的商业计划书是否显示出你已经进行过完整的市场分析？要让投资者坚信你在计划书中阐明的产品需求量是客观且真实的，要明确强调目标市场，充分说明商业机会。

（2）你的商业计划书是否显示出你具有管理公司的经验？是否对公司的

企业文化和管理理念进行了解释？如果你自己缺乏能力去管理公司，那么一定要明确地说明，已经聘请了一位经营大师来管理你的公司。投资者在审查商业计划书时，非常重视创业团队的人员构成。计划书中应提供团队认为关键的证明能力的材料等。

（3）你的商业计划书是否显示了你有能力偿还借款？要保证给预期的投资者提供一份完整的公司财务分析。

（4）你的商业计划书是否容易被投资者所领会？创业计划书应该设置索引和目录，以便投资者可以比较容易地查阅各个章节。此外，还应保证目录中的信息流是有逻辑并且真实的。

（5）商业计划书结构是否一目了然？该说的东西都要说到，哪些是重点，哪些需要次要说，并且各个部分的次序不要颠倒，让风险投资者记住你的框架。一般而言，商业计划书应该以企业战略或企业文化作为文本的主线，把文本的内容连贯起来，从而使文本的结构严谨。

（6）数字是否真实、客观？在计划书中，真实客观的数字胜过任何说理。有了数字的解释，会使计划书更有说服力，让风险投资者增强对项目的信任感。计划书中的关键数据要面向未来，但避免夸大。

（7）你的商业计划书是否把计划摘要放在了最前面？计划摘要相当于公司商业计划书的封面，投资者首先会看它。为了吸引投资者，计划摘要是否写得引人入胜？

（8）你的创业计划书是否在文法上全部正确，结构是否具有逻辑性？如果不能保证，最好请人检查。计划书的拼写错误和排印错误可能会使你丧失机会。此外，所要表达的内容不求多但求精。风险投资者关注的是字里行间有无经典的创造，有无崭新的商业模式。另外，商业计划书中无论使用何种称谓，都要避免使计划书带有个人色彩，努力做到内容客观、公正。

1.4 商业计划书呈现

一份简历，如果没在 5 秒钟内引起招聘者的兴趣，就会被扔到垃圾桶。同理，想在风险投资人堆积如山的商业计划书中脱颖而出拿到融资，更需要功夫。

一件事情 5 分钟说不清楚，基本上不是好项目。我问了一个投资人，你觉得好的项目有多少？他的回答是，大部分不及格，小部分能打 60 分，一小撮 80 分，90 分和 100 分的都是可遇不可求的。凡事预则立，不预则废。创业之前，你一定要做份商业计划书来审视下你的想法。调查显示，曾做了商业计划书的创业者，公司发展更快，更容易从供货商那里拿到原材料，更快拿到第一笔订单，在产品改善方面的工作会更出色，失败的概率会更低。

在企业的发展中，商业计划书做得很早，很难对销售或是企业利润起到直接的作用。但它能帮你建起公司，让公司顺利运转，减少失败的可能。

好的商业计划书，还需要用好的方式去呈现。某些时候，良好的呈现可能会弥补商业计划书写作本身的缺陷。

1.什么是商业计划书呈现

商业计划书呈现的英文为 business pitch。其中，pitch 一般表示用简洁的方式、在较短的时间内表达清楚关键想法。

pitch 原本是扔的意思，在创业中是指创业者抛出一个想法或需求，看看谁愿意来接这个想法，例如吸引投资人、创业团队成员、早期顾客等。我国创业者普遍都不太擅长做 pitch，因为我们的文化不太鼓励我们去“卖弄和炫耀”自己，从而充分展示自己的观点。一个非常经典的 pitch 案例就是乔布斯在推出 MacBook Air 的时候，就说了一句话，“这是世界上最薄的笔记本”（There is something in the air），没有说多少厘米，也没有说多少克，然后从后台拿了一个信封，掏出 MacBook Air，世界上最伟大的 pitch 就诞生了。

2.呈现的目的

商业计划书的呈现不仅仅用于向投资人获取资金，更重要的是获得有价值的资源，甚至可以用于创业评估和市场测试。

（1）创业评估

创业者可以经常性地向自己或创业团队做 pitch，评价自己能否清晰地阐述商业想法和逻辑，通过自问自答或团队提问的方式获得反馈，从而不断修正自己的想法。

（2）资源获取

商业计划书呈现除了用于获取早期创业基金，还可以用于吸引早期顾客、招募创业团队成员、与合作伙伴交流、获得政府资源支持等重要资源。

（3）市场测试

商业计划书呈现还有一个重要的用途就是市场测试，包括产品测试和商业模式测试。产品测试是指解决方案是否能够满足需求，对象是用户；而商业模式测试是指客户是否愿意为产品付费，对象是客户。创业者需要在测试过程中用到 pitch。

3.呈现工具

呈现商业计划书一般用 PPT 和思维导图。

PPT 的优势在于可视化效果好，形式活泼；思维导图的优势在于能在一张图上，用清晰的逻辑表达观点。

PPT 是创业者呈现商业计划书最常用的工具，好的商业计划书呈现，通常使用 5—8 页 PPT，8—10 分钟便可以表达清楚。

商业计划书呈现逻辑可以参照黄金圈理论：why-what-how。

60%的时间去分析 why——用户问题探索；

10%的时间去分析 what——解决方案（产品或服务）；

30%的时间去分析 how——运营模式（商业模式、创业财务、创业团队、创业风险、里程碑等）。

4.呈现技巧

好的内容需要好的方法去呈现，表达什么与如何表达一样重要，很多时候，我们会更加关注内容，而忽略呈现的方法，这也与大多数人所接受的教育有关，缺乏机会去表达，更多的是被动接受。一个好的呈现包括两个方面：第一，内容，你的问题描述、解决方案、商业模式、核心竞争力、行动计划等；第二，表达，你传递信息的语气、身体语言、形象、目光接触等。

（1）设计好的开场

好的开始是成功的一半，开场是否具有吸引力会影响到听众是否愿意听下去。好的开场能够激发听众的兴趣和好奇心，引起他们的注意和探寻的动力。好的开场既是科学，也是艺术。

（2）保持信任感

你是否值得信任？信任是一切合作的前提。在呈现过程中，你需要保持开放的心态，能够接受别人的建议和不同的观点，不固执；实事求是，能承认不足，也会勇敢说不；用行动结果去证实，而不是一味地假设等。

（3）吸引人的故事

用吸引人的故事把听众带入一个熟悉的情景。在一个设计好的故事里面，会有各种场景，场景里面有人物、时间、地点和事件，而且都是创始人亲身经历的，这种方式会更加让人容易接受。

（4）清晰的逻辑

在有限的时间内，要清楚地表达观点，逻辑结构尤为重要，它还会影响到表达的效率。一个好的模式是观点加数据，在每一段落开始的时候，先表达观点，然后再列举事实或数据证明观点，采取先归纳再演绎的方法。如果听众能理解观点，就不要过多解释和证明。

第 2 章 商业计划书写作技巧

核心问题：

□计划书摘要怎么写？

□公司介绍包括哪些部分？

□如何介绍产品和服务？

□如何分析行业和市场？

□怎么制订营销计划？

□如何制订财务计划？

□风险控制和资本退出的机制是什么？

2.1 摘要的主要内容

商业计划书摘要是风险投资者首先要看到的内容，它浓缩商业计划书之精华，反映商业之全貌，是全部计划书的核心之所在。摘要的作用就是让投资人用最短的时间“从石头堆里选出钻石”，然后再去比较不同“钻石”的品质。

虽然摘要是商业计划书的迷你版，但它并非要包含商业计划书的所有内容，基本上只需要以下几个方面即可。

（1）用一两句话概括公司的投资亮点。你在说明你的项目或公司的优势时应该尽量说得具有吸引力。通常可以直接简练地说你拥有解决某个重大问题的方案或产品。如果你可以提供一些重量级的名字，比如重量级的顾问、合作伙伴、知名的天使投资人等，那么这会成为你的撒手锏。

（2）用一两句话来介绍公司的产品或服务以及它解决了用户的什么问题。你需要清楚地描述当前的或者是将会出现的某个重大的问题。公司给客户提供什么产品或服务来解决这个问题？软件、硬件、服务还是综合的？用通俗的语言，具体描述公司的产品或服务，不要使用各种专门的术语。如果你有一个客户是知名的大公司，那么一定要讲出来。

（3）用一两句话来清晰地描述公司的商业模式——怎么挣钱的？你需要明确公司在产业链、价值链上的位置，合作伙伴是谁？他们为什么要跟你的公司合作？如果已经有收入了，有多少？如果没有，什么时候会有？

（4）用一两句话来描述公司行业、行业细分、巨大的市场规模、成长性和驱动因素以及美好前景。不要用空洞、宽泛的语句去描述市场，你说的话最好要有数据的支撑与分析。当前规模小但处于快速成长的市场，会比相对较大而稳定的市场更有吸引力。

（5）用一两句话来概括公司相对于竞争对手的优势。无论如何，你都有竞争对手，如果没有竞争对手，那么你就得考虑你的产品或服务是否真的有市场。要用正面的、积极的词语来描述公司的目标和竞争优势，投资人看中的是你能做什么，而不是别人做不到什么。

（6）用一个表格来展示公司的历史财务状况和未来的财务预测。如果是初创公司，历史财务部分可以省略，但 3—5 年的财务预测要能满足投资人的投资回报预期才行。此外，最好能匹配上收入的驱动因素，比如客户增长等。

（7）用一两句话来陈述公司本轮期望的融资金额及主要用来做什么。这个金额通常是公司发展到下一个重要阶段所需要的最少的钱。最理想的情况就是投资人愿意主动多投一些。

（8）用一两句话来展示创业者和核心管理团队的背景及辉煌成就。不要用一些标准的套话，比如，“CEO（首席执行官）有 10 年的×××行业运营、管理经验”之类的，而是要具体到“CTO（首席技术官）曾在×××公司从事×年×××方面的研究”。另外，不要过分夸大，如果你只不过在某大公司做过一个月的暑期实习，就不要说你在这个公司工作过。

2.2 公司概述的介绍

公司的基本情况介绍是为了让风险投资者对融资的创业企业有一个初步的了解。如果你是一个拥有产品和服务的创业者，或者是需要进一步融资扩大公司规模的企业家，你需要在商业计划书一开始就向投资者介绍清楚你公司的基本情况，让风险投资者对你的公司有一个清晰的认知，尽可能详细介绍公司的基本情况。如果你是一个新创企业，还需要说明创办企业的思路、新思想的形成过程以及企业的目标和发展战略。此外，还要介绍创业者的背景、经历、经验和特长。因为创业者的素质和创业团队的能力对创业企业的成功具有关键作用。

1.公司介绍

介绍公司过去的发展历史、现在的情况以及未来的规划。具体而言，主要有以下几点。

（1）公司基本情况：包括公司名称、业务性质、注册地点、经营场所、经营范围、注册资金、法律形式（独资、合伙、股份公司）。

（2）经营理念和目标：经营理念是指企业的使命和指导方针；目标是使命和方针的具体化和数量化，反映在一定时期内经营活动的方向和要达到的水平。

（3）发展历史：成立时间、背景、成长过程、重要阶段与事件等。

（4）发展现状：产品、规模、资产、人员、成果、竞争优势等。

（5）未来发展计划：发展目标、发展阶段、实施步骤等。

与摘要相比，公司的基本情况要更详细。如果是初创企业或者学生创业大赛的计划项目，还需要虚拟一个弹性比较大的企业名称，这样可以避免限制业务拓展和经营方向的改变。

公司宗旨要以最精练、清晰的语言来表述企业的使命和指导方针，即企业的经营理念。这是一条主线，将公司的所有信息与最高追求连在一起，用以指明方向，激励员工同心协力共同努力经营。公司宗旨的基本内容可以包括以下几个方面。

获利能力：即说明可获利程度。

外部追求：即说明对公众注意事项的关心以及对股东、员工、供应商注意事项的关心。

此外，还包括质量、效率、企业文化等。

例如，英特尔的宗旨：在工艺技术和营业方面争创一流。IBM 公司（国际商业机器公司）的宗旨是：为顾客服务。苹果公司的宗旨是：追求高科技的好产品。

2.团队成员介绍

公司管理团队在创业过程中起到关键作用，在介绍的时候一般介绍关键的 3—5 人即可。介绍顺序可以是职务上从高到低。当然也可以有公司“外脑”，为项目起到支撑作用。

（1）主要成员：包括项目发起人，研发、生产、营销、财务、人事等核心人员。强调各成员的教育背景、工作经历、工作业绩、领导能力、个人品质等。

（2）公司“外脑”：法律顾问、财务顾问、管理顾问、营销顾问、技术专家或科研机构、高校等。

（3）组织结构：遵循精干高效、分工协作、责权对等、统一指挥、有效管理等原则。

（4）激励机制：

经济激励：工资和福利、员工持股计划、股票期权、红利分配。

事业激励：员工培训、干部考核选拔。

文化激励：企业文化、文化的凝聚力。

在介绍创业团队的时候，团队成员的教育背景、工作背景和业绩、领导力和个人品格、团队结构特点和协作能力非常重要。这可以让投资人看到一个有实力的优秀创业团队，增加投资人对投资的信心。

2.3 产品与服务的主要内容

在对商业计划书进行评估的时候，投资者非常重视该公司提供的产品和服务。产品和服务很大程度上解决了消费者的痛点问题，或者该产品和服务能够帮助消费者节约开支，提高生活质量和工作效率等。一般来说主要包括以下几个方面。

（1）产品（服务）的描述：主要产品的名称、性能、特点，能够给顾客带来的价值或价值增值，突出产品的创新性、独特性、性价比优势和市场竞争力。

（2）产品（服务）线描述：产品（服务）线的长度、广度、深度，能否支撑起经销商或单店的盈利。

（3）研究与开发：介绍公司研发力量、行业技术发展趋势、现有的专利技术与技术储备、新产品研究计划、研发费用预算等。

在商业计划书中除了介绍现有的产品和服务的情况，还需要阐述产品和服务的未来规划与开发情况。这里包括过去已经投入的开发和未来打算开发的产品和服务项目。这些对于风险投资者来说非常重要。他们需要投资的是能将成果转化为市场产品并获取利润的创业者，此外，他们还需要创业者能洞察市场变化，不断推出新的产品满足顾客的需求，这些是他们获取可持续优势的保证。

产品和服务的规划包括结构的规划和系列规划，各种产品与服务的定位，产品与服务线的长度和宽度，产品和服务的生命周期规划等。合理的规划可以对产品和服务更新速度进行控制，尽量实现成本控制和利润产出的最优化，不断提升公司的竞争力。

风险投资者还非常关心公司技术研发团队是否能够把握产品和服务的发展脉络，是否能够开发出满足消费者需求的新产品和服务，并开拓新市场。因此，这部分不仅要介绍研发技术力量和未来技术发展趋势，还要详细介绍新产品研发的成本核算、研发进度和时间规划。

2.4 行业与市场分析

行业和市场分析是创业企业对外部环境的分析，如果创业者不重视这部分内容，则商业计划书就会成为不切实际的计划，没有任何意义。只有熟悉和把握行业与市场的变换，企业才能立于不败之地。在商业计划书中这部分内容主要包括行业和市场外部环境分析、行业和市场内部竞争分析、企业的竞争优势和劣势分析、市场需求量和增长趋势分析、市场细分及定位、未来3—5年的市场销售预测。

1.行业分析

（1）该行业发展程度如何？

（2）现在发展动态如何？

（3）该行业的总销售额有多少？总收入多少？发展趋势怎样？

（4）经济发展对该行业的影响程度如何？

（5）政府是如何影响该行业的？

（6）是什么因素决定它的发展？

（7）竞争的本质是什么？你采取什么样的战略？

（8）进入该行业的障碍是什么？你将如何克服？

2.环境分析

企业环境分析最主要的是清楚行业变革的驱动力和行业成功的关键因素。宏观环境分析通常用 PEST 方法，即 P 是政治（politics），E 是经济（economy），S 是社会（society），T 是技术（technology）。

（1）政治因素

政治会对企业监管、消费能力以及其他与企业有关的活动产生十分重大的影响。一个国家或地区的政治制度、体制、方针政策、法律法规等常常制约、影响着企业的经营行为，尤其影响企业较长期的投资行为。必须牢记以下几点：

政治环境是否稳定？

国家政策是否会改变法律从而增强对企业的监管并收取更多的赋税？

政府所持的市场道德标准是什么？

政府的经济政策是什么？

政府是否关注文化与宗教？

（2）经济因素

经济因素，是指国民经济发展的总概况，国际和国内经济形式及经济发展趋势，企业所面临的产业环境和竞争环境等。市场营销人员需要从短期与长期两个方面来看待一个国家的经济与贸易，特别是在进行国际营销的时候。

社会经济结构，是指国民经济中不同的经济成分、不同的产业部门及社会再生产各方面在组成国民经济整体时相互的适应性、量的比例以及排列关联的状况。社会经济结构主要包括产业结构、分配结构、交换结构、消费结构和技术结构。其中，最重要的是产业结构。

经济发展水平，是指一个国家经济发展的规模、速度和所达到的水平。反映一个国家经济发展水平的常用指标有国内生产总值、国民收入、人均国民收入和经济增长速度。

经济体制，是指国家经济组织的形式，它规定了国家与企业、企业与企业、企业与各经济部门之间的关系，并通过一定的管理手段和方法来调控或影响社会经济流动的范围、内容和方式等。

宏观经济政策，是指实现国家经济发展目标的战略与策略，包括综合性的全国发展战略和产业政策、国民收入分配政策、价格政策、物资流通政策等。

当前国家的经济状况会影响一个企业的财务业绩。经济的增长率取决于商品和服务需求的总体变化。其他经济影响因素包括税收水平、通货膨胀率、贸易差额和汇率、失业率、利率、信贷投放以及政府补助等。

（3）社会因素

一定时期整个社会发展的一般状况，对于企业的影响不尽相同。社会要素十分重要，主要包括以下方面。

人口因素，包括企业所在地居民的地理分布及密度、年龄、教育水平、国籍等。大型企业通常会利用人口统计数据来进行客户定位，并用于研究应如何开发产品。人口因素对企业战略的制定具有重大影响。

社会流动性，主要涉及社会的分层情况、各阶层之间的差异以及人们是否可在各阶层之间转换、人口内部各群体的规模、财富及其构成的变化以及不同区域（城市、郊区及农村地区）的人口分布等。

消费心理对企业战略也会产生影响。例如，一部分顾客的消费心理是在购物过程中追求有新鲜感的产品多于满足其实际需求，因此，企业应有不同的产品类型以满足不同顾客的需求。

生活方式变化，主要包括当前及新兴的生活方式与时尚。文化问题反映了一个事实，即国际交流使社会变得更加多元化、外部影响更加开放时，人们对物质的要求会越来越高。随着物质需求的提高，人们对社交、自尊、求知、审美的需要更加强烈，这也是企业面临的挑战之一。

文化传统是一个国家或地区在较长历史时期内形成的一种社会习惯，它是影响经济活动的一个重要因素。例如，中国的春节、西方的圣诞节就为某些行业带来商机。

价值观，是指社会公众评价各种行为的观念标准。不同的国家和地区人们的价值观各有差异，例如，西方国家的个人主义较强，而日本的企业则注重内部关系融洽。

（4）技术因素

技术因素是指社会技术总水平及变化趋势，技术变迁和技术突破对企业的影响较大，技术对政治、经济社会环境之间的相互作用的表现，具有变化快、影响大等特点。科技不仅是全球化的驱动力，也是企业的竞争优势所在。下面几点解释了何为科技要素：

科技是否降低了产品和服务的成本，并提高了质量？

科技是否为消费者和企业提供了更多的创新产品与服务（例如新一代手机、网上银行等）？

科技是如何改变分销渠道的（例如网络书店、拍卖等）？

科技是否为企业提供了一种全新的与消费者进行沟通的渠道（例如广告条、软件等）？

技术环境除了要考察与企业所处领域的活动直接相关的技术手段的发展变化外，还应及时了解：

国家对科技开发的投资和支持重点；

该领域技术发展动态和研究开发费用总额；

技术转移和技术商品化速度；

专利及其保护情况等。

3.市场细分

市场细分是指利用一定需求差别因素，把某一产品整体市场消费者划分为若干具有不同需求差别的群体的过程。细分影响因素包括以下几个方面：

（1）人口因素：年龄、性别、收入、职业、教育程度、婚姻状况等。

（2）地理因素：居住区域、城市乡村、地形气候、交通运输等。

（3）心理因素：价值观念、社会阶层、生活方式、个性等。

（4）行为因素：使用时机、追求利益、信赖程度等。

细分的原则：可衡量性、可实现性、可区分性。

评价细分市场：细分市场的规模和发展前景、细分市场结构的吸引力、企业的目标和资源。

4.目标市场的选择

目标市场是指营销者准备用产品或服务以及相应的一套营销组合为之服务或从事经营活动的特定市场。

目标市场选择的特点：市场集中化、产品专业化、市场专业化、选择专业化、市场全面化。

5.竞争分析

在同一市场上如果存在两个以上的企业生产同一性的或可替代产品，就存在市场竞争。同理，在同一个市场范围内生产和销售与本企业相同或可替代产品或服务的其他组织或个人就是竞争对手。

针对竞争本部分要分析的内容：市场竞争的威胁力量、竞争对手分析、本企业的竞争优势。

（1）市场竞争的威胁力量：主要用波特五力模型来分析潜在进入者、同行企业、替代品、购买者和供应商。

（2）竞争对手的综合实力：产品组合、营销地位、生产经营规模、技术、资金实力、管理能力、对环境变化的反应能力，竞争对手的产品特点、市场状况及发展趋势，竞争对手的市场选择、营销战略与竞争策略。

（3）本企业的竞争优势分析主要有以下几点：

资源优势：技术、研发、资金、供应保证。

产品或服务优势：技术、成本、性价比。

营销能力优势：品牌知名度、市场占有率、营销网络、顾客忠诚度。

管理能力优势：决策者的素质、指挥的权威性、管理的有效性。

6.市场营销策略

（1）市场定位是根据产品在细分市场上所处的地位和顾客对产品某些属性的重视程度，塑造出本企业产品与众不同的个性或形象并传递给目标顾客，使该产品在细分市场上占据有利的竞争位置。

定位策略：产品差别化、服务差别化、人员差别化、形象差异化。

（2）价格策略

定价目标：满意的投资回报、快速回收、市场渗透、应付竞争。

产品成本：变动成本和固定成本、短期成本和长期成本。

市场需求：需求数量、价格弹性。

竞争者因素：产品、成本、价格。

定价方法：成本导向、需求导向、竞争导向。

定价策略：折扣定价策略、地区定价策略、心理定价策略、差别定价策略。

（3）渠道策略

分销渠道：使产品或服务从生产者向消费者转移而相互配合的一系列组织

和个人。影响分销渠道的因素有以下几点。

产品特点：价格、体积和重量、技术性能。

市场因素：顾客、中间商、竞争。

企业条件：规模、财务能力产品组合、销售能力。

渠道目标：渠道效率、渠道控制、财务开支。

分销渠道设计：渠道长度、渠道覆盖面。

（4）促销策略

促销：企业通过人员和非人员的方式，沟通企业与消费者之间的信息，引发、刺激消费者的消费欲望和兴趣，使其发生购买行为的活动。

作用：传递信息、诱导需求、扩大销售。

策略：广告策略、人员推销策略、公共关系策略、营业推广策略等。

2.5 财务分析

财务分析资料是一个需要花费相当多时间和精力来编写的部分。投资者将会期望从你的财务分析部分判断你未来经营的财务损益状况，进而从中判断能否确保自己的投资获得预期的回报。财务分析通常包括以下几部分。

（1）公司当前财务概况

为反映过去三年中公司的经营业绩和财务情况，你要提供过去三年的损益表、现金流量表、资产负债表以及财务分析报告或财务总结报告，说明当前的股东结构与资产结构。

（2）资金需求与资金使用计划

该计划主要是明确本轮融资需要引入外部资金的额度和资金到位的时间。

详细说明资金的使用计划的主要内容有：项目开发费、生产设施建设费、设备购置费、流动资金投入、市场营销费。

（3）融资方案

①对投资人说明该项目理想的投资方式：普通股？优先股？可转换债券？

②说明获取风险投资的抵押担保条件，风险投资者投资后双方股权的比例安排以及投资者介入公司经营管理的程度。

③说明创业企业未来的资本结构安排以及资金其他来源，如银行贷款等。

④财务预测（未来三年）。

⑤假设条件：在生产经营计划实现的条件下作出财务预测。

⑥收入：企业在销售商品、提供劳务及他人使用本企业资产等活动中形成的经济利益的总流入。

⑦费用：企业在一定时期内生产销售商品、提供劳务或从事其他活动中所发生的经济利益的流出。按照经济内容分为外购材料费、外购燃料动力费、工资及福利费、折旧费、利息支出、税金等。

⑧利润：反映一定期间的经营成果。

⑨利润总额=营业利润+营业外收入－营业外支出。

⑩净利润=利润总额－所得税费用。

⑪商业计划书三表：损益表、现金流量表、资产负债表。

损益表：反映一定期间的经营成果。

作用：了解企业的获利能力和经营业绩，判断对企业投资的报酬和风险。具体内容如表 2-1 所示。

表 2-1　损益表

项目	第 1 年	第 2 年	第 3 年
产品销售收入			
销售税金及附加			
总成本费用			
利润总额			
所得税			
税后利润			
盈余公积金			
应付利润			
未分配利润			
累计未分配利润			

现金流量表：反映项目计算期内各年的现金流入和流出状况。

作用：了解和评价偿债能力、支付能力和获取现金能力；分析对外部资金的需求，预测未来发展。具体内容如表 2-2 所示。

表 2-2　现金流量表

	项目	第 1 年	第 2 年	第 3 年
现金流入	产品销售收入			
	回收固定资产余值			
	回收流动资金			
现金流出	自有资金投资			
	借款本金偿还			
	借款利息支付			
	经营成本			
	销售税金及附加			
	所得税			
	净现金流量			

资产负债表：反映项目计算期内各年资产、负债和所有者权益的状况信息。

作用：了解资产构成、债务结构与资本结构，分析判断生产经营能力、偿债能力和财务实力。具体内容如表 2-3 所示。

表 2-3　资产负债表

项目	第 1 年	第 2 年	第 3 年	项目	第 1 年	第 2 年	第 3 年
资产				负债及所有者权益			
流动资产总额				流动负债总额			
现金				应付账款			
存货				流动资金借款			
应收账款				其他短期借款			
累计盈余资金				长期借款			
在建工程				负债小计			
固定资产净值				所有者权益			
无形和递延资产				资本金			
资本公积金				累积未分配利润			
累计盈余公积金							

资产：在一定时期内拥有或控制的经济资源，包括流动资产和非流动资产。

负债：在一定时期内所承担的债务责任，包括流动负债和长期负债。

所有者权益：一定时期内投资者拥有的净资产。

结构：资产=负债+所有者权益。

⑫财务效果分析：财务效果分析通常包括盈利能力、清偿能力、净现值、盈亏平衡、投资回收期（静态、动态）、内部收益率分析等。

2.6 风险分析及退出机制

1.风险分析

详细说明项目实施过程中可能遇到的风险，提出有效的风险控制和防范手段。风险主要包括：技术风险、市场风险、管理风险、财务风险、其他不可预见的风险。

2.退出机制

投资退出：风险投资通过转让股权获取回报的经济行为。

退出计划：风险投资人收回其投资的方式分析、获得的投资回报率、收回投资的时间。投资者退出渠道包括：

（1）股票上市：在资本市场上通过公开发行股票上市交易，风险投资机构卖出所持有的股份，实现投资退出。

（2）购并：公司将部分股权或全部股权向其他企业或个人转让的行为。风险投资机构通过向兼并公司转让股权退出投资企业。

（3）股权回购：企业收回风险投资机构在本企业所持股权的行为。

第 3 章　如何开发新产品

核心问题：

□如何设计、开发新产品？

□如何测试产品原型？

3.1 产品设计与开发

说到产品，你能想到什么？微信、微博、iPhone、电脑、桌子、椅子、一盘菜、一部电影、一个旅游计划、一次培训、一堂课……

3.1.1 产品概念

所谓“产品”，指所有用于出售的物品、服务和知识。产品具有多重属性（特征、功能、收益和使用），可以是有形的实物商品，也可以是无形的服务或收益，还可以是两者的结合。《韦氏词典》中“产品”是指生产出来的事物。

这些定义应用于商业领域还远远不够。产品并不是单一、独立的物品，相反，在大多数公司中产品是复杂的。在《人人都是产品经理》中，作者认为产品就是解决某个问题的东西。“某个”指某些用户、某些需求。任何产品都不能解决所有的问题。世界上没有“放之四海而皆准”的产品。“问题”指考虑用户、需求和场景下的问题，也就是人、货、场。产品既解决了产品使用者的问题，也解决了产品提供者的问题，一个也不能少。“东西”指有形的实物、无形的服务。一般认为是有目标的解决方案，包括常说的产品、功能、特性、服务、流程等。

基于此概念，我们在设计一个产品时首先要回答如下几个问题：

第一，我的产品解决了什么问题？是痛点、痒点，还是爽点？

第二，我在为谁解决这个问题？他得到即刻满足了吗？这是用户画像的问题。

第三，有多少人需要解决这个问题？这是市场规模的问题。

第四，目前人们是怎么解决这个问题的？这是竞争分析的问题。

第五，我的竞争方案为什么能够在市场竞争中胜出？不要简单地看单点的竞争力，而是要看点线面体。

第六，用户会在什么样的场景下需要马上去解决问题？这是场景问题。

互联网时代的产品要有流量和转化率，而只有触发用户情绪的场景才能转化为流量入口。

3.1.2 产品的分类

1.从用户关系的角度分类

单点产品：启动最简单。计算器是一个典型单点用户类型，主要有一个用户使用，就可以产生完整的用户价值。虽然启动简单，但是没法形成网络效应，用户的转移成本很低。

单边产品：可能有网络效应。电话是一个典型的单边用户产品，需要一群人同时使用，只有一个人使用电话没有意义。使用的人越多，产品的价值就越大，产品也就产生了网络效应，可以不断吸引用户。

多边产品：壁垒最高。多边产品需要几群不同的人一起使用才能产生价值。最典型的就是知乎网站，有提问者、问答者、围观者三边构成，沉淀了许多内容和关系。

2.从用户需求的角度分类

（1）工具类：解决单点问题的产品。工具对用户而言，“有事才想到你”，希望用时不用注册。对产品而言，新用户只是增加了一个 UV（独立访问者），希望用户留下信息，以便生成用户画像，提供个性化定制服务。如高德地图希望留下常去的地点，以便导航。再如今日头条通过算法熟悉你的阅读习惯。

（2）内容类：价值观过滤器。内容产品和用户的关系也多是单点的，表现为单向和中心化的信息传递，由供应方生产内容，提供给用户消费，是自上而下的。例如传统媒体、门户网站、视频网站等都是做内容，而文字、声音、图片、视频等都是常见的内容形式。

（3）社交类：社交的前提是有大批用户，让用户之间建立联系。社交产品常见的模式是单边启动，需要同时有一大群人一起来用。社交产品最大的优势是用户黏性比较高，最大的劣势是离钱比较远。如微信在没有支付功能之前仅仅是一个单纯的社交类产品，但是基于战略的考虑增加了支付功能，从而实现了微信的生态闭环。

（4）交易类：做买卖的产品。既有线上交易，也有线下交易。线上交易的产品比如各类电商平台，线下交易的产品如商超、农贸市场。也有线上与线下结合的O2O的交易产品。

（5）平台类：这是一种满足多种角色的产品形态，也可以说是“生态”，是一种复杂的产品形态。平台类的产品在国内有类似淘宝这样做C2C交易平台的，它自己不卖东西，而是让买家和卖家在这里交易，它提供帮助、服务和管理。很多人可能觉得淘宝、天猫的设计逻辑并不复杂，但其实你看到的只是产品的一小部分，即面向买家C（customer）的部分。面向卖家B（business）的部分则要复杂得多，当然还有面向开发者D（developer）的部分（比如淘宝开放平台）。CBD都生长在淘宝平台上，都是平台的一部分。当然除此之外，还有其他角色，比如模特、摄影师、服务商等等，所以平台其实是一个复杂的生态系统，这也是平台的魅力所在。

平台是一个大的概念，也分很多种类，比如手机的操作系统也是平台，但它和电商平台又很不一样。总体来说，平台共同的特性就是复杂，且偏重业务和技术。

在《淘宝十年产品事》这本书里，作者把产品分为大致三种类型：平台型、垂直型、网站型。

平台型：更靠后台系统，对技术的了解要求更高，如电商的交易线产品、安全类产品。

垂直型：更多商业层面的内容，对行业知识要求更高，如网上超市、网上药店等。

网站型：更偏前台网站页面，对用户体验设计相关知识要求更高，如一些团购网站、社会化导购网站。

平台类的产品总体上业务和技术上都比较复杂，兼顾用户、业务和技术，三者缺一不可。

（6）游戏类：游戏可大可小，一切皆可包容，是真实世界的副本，打造平行世界。游戏类的产品呈现从游戏到社交到泛娱乐的产品格局。2023 年全球游戏市场规模 11773.79 亿元。

在商业领域，产品并不总是单一的、独立的物品。相反，大多数产品和服务都是分等级的。一种产品可能是其他产品的一部分，可能与其他产品一同包装，或者作为一种解决方案系统地满足顾客的需求。

3.2 产品思维

3.2.1 产品思维概念

产品思维是一种解决问题的综合思维，是进一步把问题解决方案产品化的过程。面对不同用户、需求、问题、场景，有科学的、独特的、针对性的视角、感知方式和方法。要以用户为中心，以问题为核心。一个好的产品开发者必须具备产品思维、用户思维和系统思维。

用户思维是指在价值链各个环节中都要“以用户为中心”去考虑问题。考虑用户的需求、用户的潜意识、用户的认知、用户的使用习惯和使用场景。最好的情况是，用户在使用产品时，完全是下意识的操作，产品的设计在用户的潜意识中、认知中是完全被理解、认可，完全没有思考要如何操作，就像我们平常用微信聊天、看朋友圈一样，基本都是下意识的操作。

系统思维是对事情处理的方式方法有章法、有套路，考虑全面、有序。洞察事物的本质，不浮于表面，不局限于局部，观察将更有深度，看到别人看不到的关系，发现事物背后的规律。

只有具备了产品思维、用户思维和系统思维才能打破常规、开发设计出别具一格的产品，并且具有一定的完整性，从而实现用户的核心价值。

3.2.2 产品思维的训练

作为一个没有产品开发经验的人，如何快速提升自己的经验值？首先要训练自己的产品思维。产品思维不是一成不变的，是可以训练和激发的。

1.从学生思维到职场思维的转变

通过一个案例，我们来训练一下职场思维。

如图 3-1 所示，一辆高 3.05 米的货车要过一个高 3 米的山洞，怎么办？

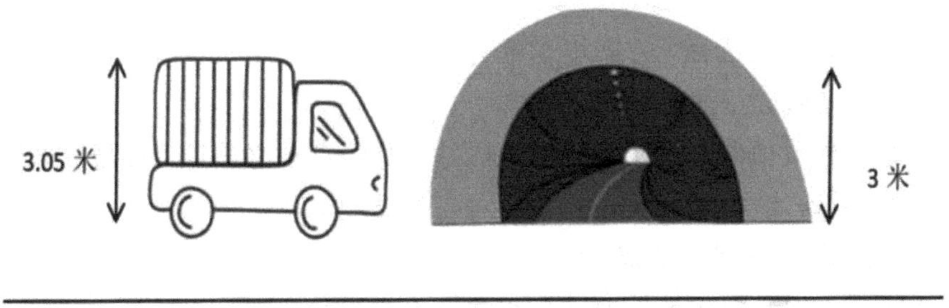

图 3-1　货车过山洞案例

你的答案可能只有 2 种类型：

过山洞：放气、卸货、再叫一辆车、挖洞。

不过山洞：绕路、放弃。

你的答案看似非常全面，但也都是学生思维。学生遇到的大多数是经过简化的问题，有明确的目标、有完备的信息，有解法、有标准答案。因此，我们总是想好目标，再想解决方案。

但是职场中，问题往往不明确，信息片面，闻所未闻，没有标准答案，需要我们进一步深入分析才能找到适合的答案。

看似一个非常简单的问题，但是回答起来确实不容易。在回答这个问题之前，首先要问一下自己回答问题的角度是什么，站在谁的立场上去回答这个问题：

是货车司机？

是货主？

是批发市场老板？

是行政执法部门？

是路政工作人员？

提出问题的人不同，回答问题的答案就会不同。

其次在回答问题的时候也要考虑实际情况。是否有路可绕？绕多远？将问题转换为基于成本的考虑。成本涉及油费、时间、过路费、车上货物的自身特征等。

事故发生的频次是多少？如果频发可以挖洞扩建。

过了山洞还有多少路程？如果还很远就不能考虑放气。

所以职场中的产品思维永远是基于用户思维和系统思维的。

一是要有更多选择。方案里永远有更多的选择，比如拦截一辆过路车帮忙运走一部分货物。

二是可作价值判断。性价比的评估是产品经理的必修课。如果在紧急情况下，绕路很远，时间很紧张，可以丢掉部分货物。

2.从用户思维到产品思维

先举个例子：每年的政府工作报告有很多形式，有全文版、PPT 版、有声版、简化版等，请问你喜欢哪个形式？为什么？

一个产品的好坏要看对应的用户的需求场景。如果是盲人肯定喜欢有声版，如果是专家学者喜欢全文版，普通老百姓喜欢简化版。

习惯用用户的视角来看待这个世界，要更具同理心。

再举个例子：如果改进手机摄像头，你会怎么做？

如图 3-2 所示，广义上看，产品思维包含用户思维，即产品思维必须考虑用户思维角度的问题，只有这样，才能更系统全面地作好产品的建设和运营，否则就很容易陷入为了做产品而做产品的自我陶醉中。

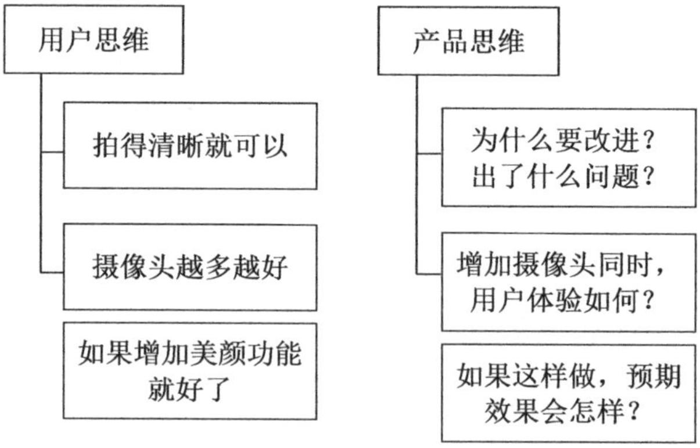

图 3-2　用户思维与产品思维案例

3.从现象到本质，从内到外思考

产品的洞察可以分为两个层面，从现象到本质，从内到外。“从现象到本质”体现为长期朴素地观察用户实际使用的每一个细节、每一个动作，得出用户最真实的体验和需求；“从内到外”体现为具备同理心的情况下，去考虑用户流露出来的需求。

当你看到一个现象时，学会问为什么，思考背后的本质原因是什么。

在淘宝的交易过程中，到底何时减库存？“拍下减库存”还是“付款减库存”？如何对付“恶拍”和“超卖”？

在回答这些问题的时候，首先思考淘宝是个平台，卖家和买家都是用户。建立在用户价值的观点去思考这几个问题。

3.3 产品创新

3.3.1 产品创新分类

我们发现大多数的企业在转型的过程中，需要寻求一个抓手, 这个抓手是什么呢？就是产品创新。

产品创新指的是创造某种新产品或者对新的或老的产品功能进行创新，因此产品创新可分为新产品创新和改进旧产品创新两种方式。

（1）新产品创新是指产品用途及其原理有显著的变化，也可以称作突破性或者颠覆性创新。全新产品创新的动力机制既有技术推进型，也有需求拉引型。

（2）改进旧产品创新是指在技术原理没有重大变化的情况下，基于市场需要对现有产品所作的功能上的扩展和技术上的改进，也可以称作渐进性创新。改进产品创新的动力机制一般是需求拉引型。需求拉引型，即市场需求引起新的产品构思，进而促成新产品的开发、生产和投入市场。

产品创新的“新”，实际就是怎么打造产品新的吸引力。从底层逻辑来说，这就需要我们挖掘目标客户痛点，并针对痛点从不同的维度进行创新、提出解决方案，再根据客户对产品和服务的反馈持续迭代。

产品创新有 10 个维度：产品功能创新、产品视觉创新、产品形态创新、产品体验创新、使用场景创新、销售渠道创新、供应链资源创新、产品安全需求创新、产品教育成本创新、产品情绪价值创新。互联网时代的产品创新更注重在细分赛道上进行创新，并且注重人、货、场的匹配。

3.3.2 产品创新的途径

与企业产品创新密切相关的主要因素是消费者的需求、市场竞争态势以及科学技术发展水平。据此，产品创新的主要模式包括消费者驱动模式、技术驱动模式和竞争驱动模式。

1.消费者驱动模式

从事创新工作的人都有一个深刻的体会，即市场需求是产品创新之母。因此，在开发新产品之前，应该以市场需求为基础，确定创新的课题，发掘新产品。产品创新的消费者驱动模式是指新产品设想来源于市场的需求，新产品的概念、样品等经消费者鉴别和筛选，最终开发出市场的新产品的模式。这是一种最普遍的产品创新模式。在这种模式中，市场既是起点又是终点，技术开发和工艺开发都围绕着满足消费者需求而展开。由于这种创新的目标明确，创新的过程清晰，因此，消费者驱动模式风险较小，应用面极广。当然，来自市场的创意一般只是改进型和完善型创意，首创较为少见。消费者驱动模式所创造出来的新产品是需求拉动型新产品。

2.技术驱动模式

技术创新是产品创新的基础，即使新产品设想来源于市场需求，要把设想变为现实，把概念转化为新产品都必须以技术的某种形式的创新为支撑。可以说，没有技术创新就不可能出现产品创新。产品创新的技术驱动模式是指创新设想来源于新技术，通过筛选评价，尤其是商业前景的分析后，进而开发出具有先驱性的新产品的创新模式。由这种模式创造出来的新产品一般是首创。技术驱动模式也是产品创新的最基础模式。由该模式创造出来的新产品属于技术推动型，其所冒的风险较大，开发中可能碰到的困难最多，但一旦成功，能够获取的收益也最大。因此，运用技术驱动模式的关键，是要在技术进步与市场需求之间建立起沟通的桥梁，要让新产品去发掘潜在的市场需求，去创造新的市场需求。

3.竞争驱动模式

产品创新是企业进行市场竞争的主要手段之一，产品创新参与竞争有两种思路。一是主动出击，即通过主动创造新产品来夺取市场份额，达到期望的发展水平。该思路可使用产品开发的消费者驱动模式和技术驱动模式。二是被动适应，即为了不致被竞争对手挤出现有的市场而开发新产品。产品创新的竞争驱动模式就是一种被动适应的开发模式，但有时也是极为奏效的创新模式。产品创新的竞争驱动模式是指创新设想来源于竞争对手，通过对竞争对手的新产品进行模仿或改进而开发出有竞争力的新产品的模式。这也是一种常见的新产品开发模式，它要求把竞争对手作为学习的对象，强调“知己知彼，百战不殆”。

3.4 新产品开发的流程

3.4.1 产品开发的流程

流程就是按照一定顺序执行的步骤，比如大多数人比较熟悉的做菜流程。产品开发流程是构想、设计产品，并使其商业化的一系列步骤或活动，如图 3-3 所示。

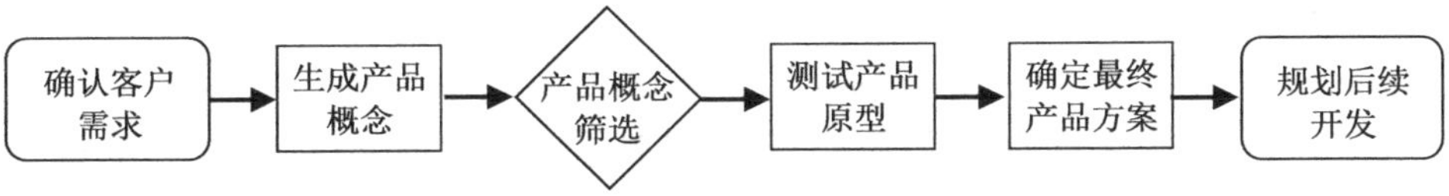

图 3-3　产品原型开发过程

客户需求分析是产品定位和新产品开发的前提，也是产品创新的源泉。用户购买产品从根本上说是为了满足各式各样的需求。美国麻省理工学院的马奎斯等人研究了567项产品创新项目，其中商业化失败最重要的原因是市场调研不充分，占24%。宝洁公司前副总裁拉里 · 休斯顿在接受沃顿知识在线的采访时表示：“我见过很多产品，其中销路不好的产品有60%—70%都是因为不了解顾客需求。”

产品概念，用简单一句话来讲，就是你的解决方案是什么。一个 App？一个网站？一个小程序？一个服务体系？一个数字化系统？产品概念往往来自对现有生活中的一些不满意，也就是对一些痛点问题的反思。街边打不着车，就有了滴滴出行；不愿意出门吃饭，就有了美团外卖。

针对某个需要解决的问题，市场往往会给出很多解决方案。面对多个产品概念，我们需要进行筛选，然后要进行验证。很多产品概念是空想出来的，有些产品概念可能早有专利技术。所以就要不断在“创意—验证—调整”中去完善产品。产品概念的筛选需要从用户那里验证，找到产品的“种子用户”。验证过程中，需要制作产品原型，产品原型测试成功后确定最终的产品方案，最后进行开发生产。

3.4.2 用户需求调研

1.以用户为中心的理念

我们在现实生活中经常听到这样的话：如果一个产品我不需要我就不会用，如果一个产品很难用我就不会经常使用。这句话从侧面说明产品开发与设计一定是要从用户中来到用户中去。

以用户为中心，强调用户体验和用户优先的设计理念，也就是在进行产品设计与开发的时候，从用户的需求和感受出发，考虑用户的习惯、预期的交互方式和视觉感受等。

衡量一个产品是否以用户为中心，就要看是否解决产品好用、产品可用、产品有用的问题。以用户为中心就要懂用户，对于一个圆球，每个人都有每个人的理解，针对不同用户的需求，我们要设计开发不同的产品。

用户需求采集的方法通常有用户访谈法、调查问卷法、洞察法、数据分析法，如图 3-4 所示。在需求分析的不同阶段采用不同的方法。

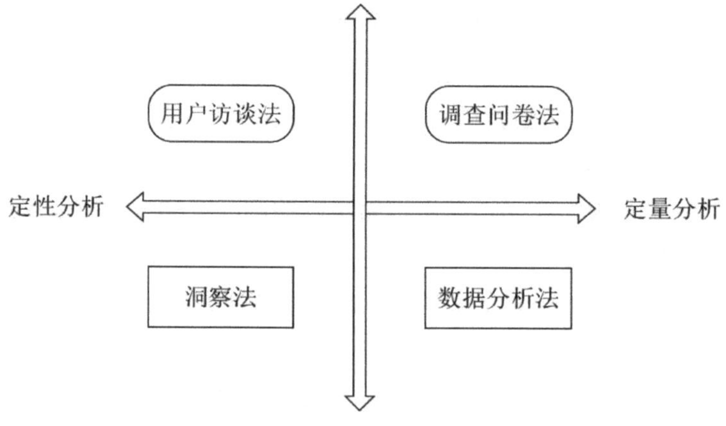

图 3-4　用户需求采集法

了解用户，要习惯站在用户的角度看问题。要“随时随地变成用户”。我们以一支笔为例，如图 3-5 所示。先让用户写出需求集合，然后针对需求集合写出功能集合，最后以用户需求开发设计一支笔。当用户的需求是把笔当发簪的时候，我们的产品开发就要在外形上进行改变。试着设计一支用户需要的笔，画出它的草图。

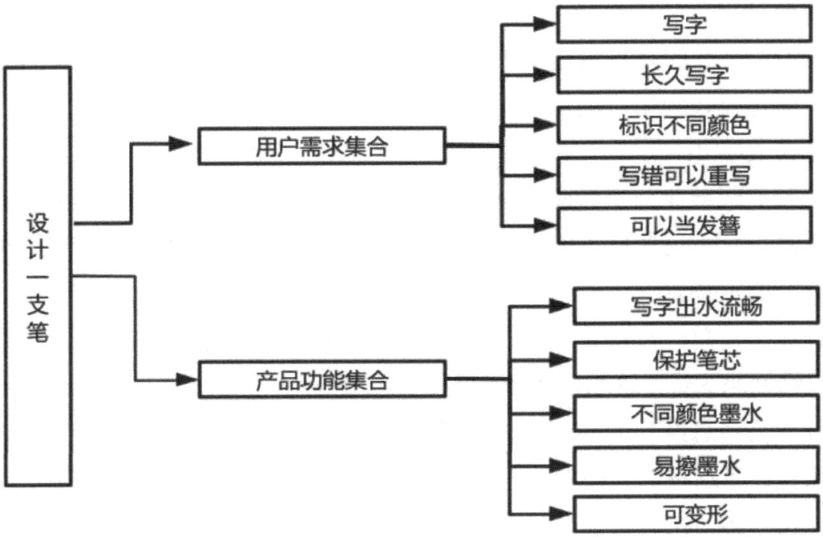

图 3-5　笔的用户需求

2.如何挖掘用户真实需求

用户的需求是什么？ 需求，就是人们各种行为的动机，人们的行为的动力基础和源泉。包括用户现有态度、行为和潜在、隐性的需要。

用户真实需求为何难以挖掘？因为用户的“伪”需求多，还是用户需求不一样？我们一起来看以下故事。

经典故事 1：

100 多年前，福特公司的创始人亨利 • 福特先生到处跑去问客户：“您需要一个什么样的更好的交通工具？”几乎所有人的答案都是：“我要一匹更快的马。”很多商人听到这个答案，立马跑到马场去选马配种，以满足客户的需求。但是福特先生却没有立马往马场跑，而是接着往下问。

福特：“你为什么需要一匹更快的马？”

客户：“因为可以跑得更快！”

福特：“你为什么需要更快？”

客户：“因为这样我就可以更早地到达目的地。”

福特：“所以，你要一匹更快的马的真正用意是什么？”

客户：“用更短的时间、更快地到达目的地！”

于是，福特并没有往马场跑去，而是选择了制造汽车去满足客户的需求。

在产品设计当中，用户需求解读和最终实现是产品设计中亘古不变的话题，其中最著名的故事莫过于“福特与马”。它向我们传递了一个十分重要的信息，就是要找到用户的原始需求，也就是真需求而不是伪需求。

经典故事 2：

一家美国鞋业公司派职员 A 到一个非洲国家，去了解公司的鞋能否在那里找到销路。一个星期后，这位职员打电话回来说：“这里的人不穿鞋，因而这里没有鞋的市场。”

鞋业公司总经理决定派职员 B 到这个国家，对此进行仔细调查。一星期后，B 打电报回来说：“这里的人不穿鞋，是一个巨大的市场。”

鞋业公司总经理为弄清情况，再派 C 去解决这个问题。两星期后，C 打电话回来说：“这里的人不穿鞋子，然而他们有脚疾，穿鞋对脚会有好处，无论如何，我们必须在教育他们懂得穿鞋有益方面花费一笔钱。我们在开始之前必须与部落首领合作。这里的人没有什么钱，但是他们生产着我未曾尝过的最甜的菠萝，我估计鞋在这里可以销售 3 年以上，因而我们的一切费用包括推销菠萝给一家欧洲超级市场的费用，都将得到补偿。总体算起来，我们还可赚得垫付款 20%的利润。因此我认为，我们应该毫不迟疑地去干。”

产品——鞋，需要设计非常讨人喜欢的款式和好的质量。

不穿鞋——需要对用户进行教育，形成穿鞋的概念。

卖鞋——需求教育。

不穿鞋并不是真的不需要，用户拒绝也不是真的没有需求，要通过情景行为观察、深度访谈和行为分析，找到用户行为模式背后的规律，将痛点问题转换为需求。

如图 3-6 所示，先挖掘用户需求，并评估需求是否具有市场价值，然后进行产品设计，根据市场情况和需求情况不断进行产品的迭代。这是一个循环往复的过程。产品迭代过程中一定要注意用户的态度，尤其是对产品概念的态度。

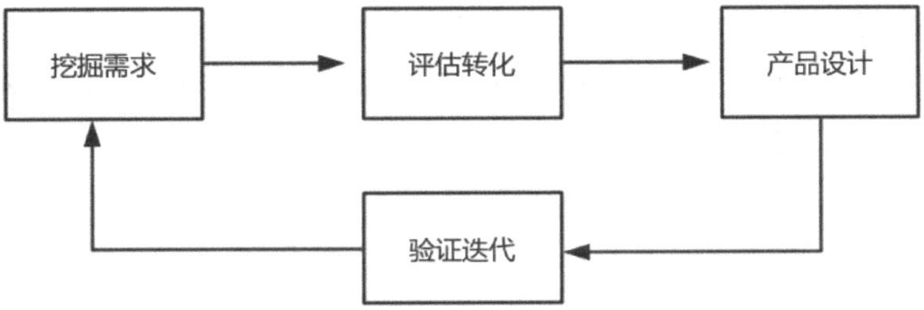

图 3-6　用户到产品设计

3.4.3 产品概念开发

产品概念开发阶段首先要识别目标顾客需求，根据市场需求形成可供选择的概念，然后选择出一个或者多个概念进一步开发和测试。产品概念是对一个产品的形式、功能和特征进行描述，通常也可以提供一些规格说明、竞品分析以及项目的经济论证等。产品概念通常用草图、三维模型表示并附带简要的文字描述。概念是从确定顾客需求出发，建立目标规格，形成一系列产品概念，最后研发团队作出选择。团队在研发过程中会从 5—20 个概念中筛选。

提出产品概念需要确定五个要素，如图 3-7 所示。

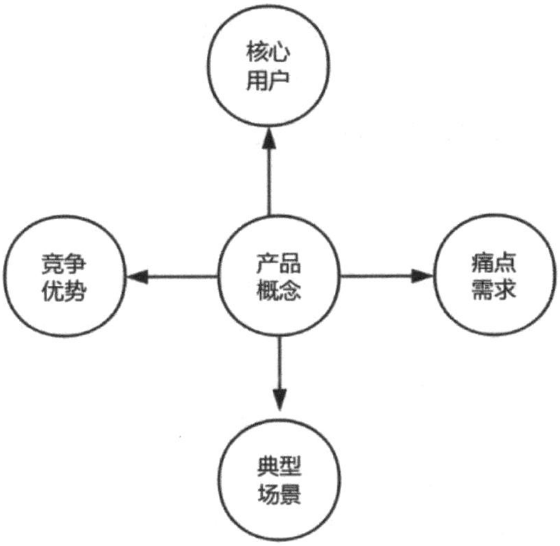

图 3-7　产品概念关键要素

核心用户：产品最重要的用户是谁？

痛点需求：他们碰到的痛点问题是什么？

典型场景：这些痛点出现在什么样的情况下？

产品概念：用什么方案解决？用一个词、最多用一句话概括你的解决方案。

竞争优势：相对已有的方案，有什么突出优势？

案　　例：私人跑步教练。

核心用户：爱跑步的都市白领，“新手”跑步者。

痛点需求：不会科学锻炼。

典型场景：晨跑或者夜跑。

解决方案：“私人跑步教练”——可穿戴设备，用来检测运动情况并给予指导。

竞争优势：不受约束、不用带手机、精准个性化。

3.4.4 产品原型

原型这个概念最早出现在工业设计领域，是设计师用来更好地呈现设计理念、验证产品、打磨产品的一种方式，同时也能够起到节约成本的效果。产品原型设计是从“想清楚”到“做出来”的过程。

如果设计师设计了一款杯子，除了手绘图之外，可以通过原型真实感知到这个杯子握在手中的感觉，它是否舒适、美观、合理。也可以拿给朋友，看看他们是否喜欢。如果是灯具设计师，他除了上面那几点，还可以检验产品模型的合理性，是否可以成功连接好内部的电路，实现灯具的功能。

3.4.5 产品原型测试的方法

产品原型测试方法是指测试的手段与载体。测试可以通过线上和线下两种方法。线上测试包括微信、QQ、博客、微博、百度贴吧等，通过在社交网络分享产品原型（文字描述+图片或视频），来获取用户反馈。博客平台 Ghost 以及 App.net 这两个产品最初就是以概念的形式出现在他们创办人的博客里。他们持续更新自己的想法并且从支持者那里获得反馈。Google Analytics，KISSmetrics 或者 Crazy Egg 这样的工具能够帮助收集和分析访客数据。线下测试包括访谈、问卷、观察等手段，通过与用户面对面交流，在现场获取用户反馈。

为了更好地获取数据和分析数据，我们可以采取线上和线下相结合的方式。利用多种形式进行测试，可以获得更有效的数据，但是也需要付出更多的时间，一切取决于你的喜好和资源。

1.最小可行性产品的方法

精益创业（lean startup）的概念一火，MVP 的概念也火了。MVP 就是最小可行性产品（minimum viable product）。快速低成本做出个小东西—验证需求—调整方向—继续快速迭代的方法论。

虽然最小可行性产品起初只是为测试各种假设的一个手段，但这并不意味着做起来就很容易。做 MVP 往往并不是为了测试产品在技术层面是否可行，而是要不要做这个产品。更重要的是，该产品是否解决了实际问题，是否有人愿意花钱购买。

MVP 的复杂程度取决于所创建的产品类型。MVP 类型多样，不尽相同，一旦决定了 MVP 要测试的假设类型，就可以使用以下的测试技巧。

（1）用户访谈

Steve Blank 是 *The Startup Owner's Manual* 一书的合著者，也是“Development Methodology”理念的创始人。在《四步创业法》（*The Four Steps to the Epiphany*）这本书中，他谈到了“客户问题展示”，即一个客户访谈的重要环节，可以通过真实的用户测试你的假设是否成立。

用户访谈不能是照本宣科，而是围绕着引出你产品所要解决的问题而访谈。访谈应该是有探索性的，而不是为了兜售你的产品或者想法。这个过程可以把你的产品能解决的问题都列下来，然后询问用户它们是否有用，还可以问问用户怎样排列这些问题的优先级。

（2）着陆页

当访客或者潜在用户受某渠道影响接触到产品的时候，着陆页是他们最先看到的页面。这是个营销的机会，可以解释产品的特点并引导用户注册，但同时基于同样的原因，着陆页也是个绝好的 MVP，帮你测试产品和现实市场期望的差距。

着陆页经常被误用，仅仅被当成了美化的邮箱登录页面，但其实着陆页可以有更广泛的用途：测试产品。它是用来衡量需求的，包括产品特点和价格计划等，而非简单地创建邮件列表。这种方法很简单，在功能页和注册表之间插入额外一页，这种插页会展示出价目表，访客就可以选择吸引他们的方案。这些多出来的点击量不仅显示出访客对于产品的兴趣点，而且为产品团队提供了现实的数据，从而可以了解哪类价格更能迎合市场需求。

（3）A/B 测试

A/B 测试用来测试产品或市场营销策略变化的有效性。可以用各式分析工具测试访客对设计方案的反应。A/B 测试让你有机会测试两种版本的页面或市场副本，让访客的互动决定哪款产品执行性更高。一部分访客看 A 版本，剩下的访客看 B 版本。最后，用分析工具（如 Optimizely、Unbounce 或者 Google Analytics）得到的数据来衡量每种版本的表现，有多种维度可以参考：跳出率、转换率和使用率。

（4）广告活动

和我们的直觉相反，广告活动是进行市场有效性调查的好方法。Google 和 Facebook 提供了平台，Grockit 先试用后注册功能能够深度挖掘到目标用户的统计信息，同时可以进行一次低保真度的测试，测试产品的哪些特点对访客是最有吸引力的。通过这些服务进行广告活动可以提供一系列数据，比如点击率和转换率，这些信息可以决定产品的类型和走向。广告活动可以和 A/B 测试结合使用。

（5）众筹

众筹网站如 Kickstarter 和 Indiegogo，可以提供 MVP 测试的服务。这些网站本质上来说是 MVP 的集散地，可以通过筹款活动中客户的贡献度来判断人们的兴趣点。

这项活动把验证性学习的优势和众筹结合起来，甚至有机会接触到一群对产品感兴趣且积极参与的早期使用者；同时，这也是建立口碑的好时机，还能得到持续不断的反馈。Pebble 智能手表和 Ouya 游戏机是比较好的例子，在产品正式推出之前就募集到了数百万美金，同时还打造了良好的口碑。

（6）产品演示视频

如果说一张图能表达出 1000 个字的意思，那么一段展示用户产品体验的视频就能表达 1 万个字的意思。创业公司用产品演示视频来验证市场并销售 MVP 的著名案例就是 Dropbox。用 3 分钟左右的视频展示了 Dropbox 的预期功能，直接结果就是注册量一夜之间从 5000 人激增到 75000 人（发生在还没有实物产品的情况下）。当然，如果目标用户是技术娴熟的早期使用者，这种方法也同样是有用的，因为他们喜欢视频中的各式小彩蛋。Dropbox 的视频在创始人真正投资做产品之前就帮助他们验证了市场是否存在。

（7）拼接式 MVP

比起完全自建，可以通过将市场上现有的工具和服务组合起来变成一个可运行的产品 Demo，用于向用户传递你希望的产品体验。早期的 Groupon 就是这样一个组合体，它集合了 WordPress、Apple Mail 以及用于网页订单手动生成 PDF 文件的 Apple Script。与其花费时间和精力来自己开发基础设置，不如借用现有的其他平台和服务先做出一个基础产品。高效利用各种来源的功能碎片来制作属于你的产品样式。

（8）软件即服务和平台即服务

比起投资大规模服务器技术，依靠市场上已有的云平台（如 AWS、Heroku 和 MongoDB 数据库）、Facebook Connect 以及平台服务（如 Chargify、Mixpanel、Mailchimp、Google Forms 和 LiveChat），甚至还可以利用类似 WordPress 或者 Drupal 这样的平台。你可以随意组合这些系统和平台来测试 MVP，从而达到预想效果。例如 Groupon，它以定制化的 WordPress 网页问世。创办者将交易发布在页面上并且手动发送订阅的 PDF 电子邮件，以验证他们的市场潜力。这些架构也被证实能够十分有效地节约时间和资金。这样的产品有很多，最常见的是 Twitter Bootstrap、ZURB Foundation、Ruby on Rails、Django、Bootstrap.js，还有诸如 Node.js 这样的开发框架。

（9）博客

博客是十分有效的验证想法的途径，它能够以最小的付出锁定最精确的目标市场。博客平台 Ghost 以及 App.net 这两个产品最初就是以概念的形式出现在他们创办人的博客里。他们在那里能持续更新自己的想法并且从支持者那里获得反馈。博客的双向沟通能够在 MVP 开发过程中为产品蓄势和获取顾客反馈提供一个理想的平台。

此外，博客还能够作为产品原型为你服务。《精益创业》的作者 Eric Ries 最初也是在博客中开始发表书中的文章的，他通过博客建立了读者基础并且在签订印刷协议前就赢得了订单。《格蕾的五十道阴影》这本书也是这样的情况。

（10）人肉手动式 MVP

除了选择制作一支视频或者写一段框架代码，在市场验证初期还有一种选项是靠“人肉”。这种 MVP 的核心概念就是，假装你有了全部的功能，直到你最终真的实现所有功能为止。

ZeroCater 的创始人 Arram Sabeti 就是从一张超大的电子表格开始的。通过这张表格他持续追踪他能够连接的公司和筹备人。ZAppos 也是以这样的方式，其创始人 Nick Swinmurn 人为手动地将当地鞋店的照片都上传到网页上来测试一个网上商城对产品的需求量。当有人在网上下单买鞋时，他会去当地鞋店买下客户下单的那双鞋。相较于一开始就投资在基础建设和商品库存上，这样的方式让 ZAppos 逐渐找到他们的产品是否会被市场接受的答案。这样的方式也能够在产品设计的关键期让创立者更好地与顾客进行互动。直接观察真实的顾客总是比一个假设型客户调查来得更有用。同样，这也能够最快地发现这个产品是否能解决现实世界里顾客亟待解决的问题。

这类 MVP 提供的关注点更侧重于发现问题而不是解决方法。就像 ZAppos，最终成长为最成功的在线商务之一，并且在 2009 年以 12 亿美元的价格被亚马逊收购。

（11）定制型 MVP

定制型测试和人肉型很相似，只是与之前伪造一个运行的产品不同，这种形式的 MVP 告知了对方是人为干预的，并且这样的产品或服务会作为一个高度定制化的服务交给特定的客户。

Rent the Runway 在测试他们的在线礼服裙租赁业务模式时，就提供了女子大学在校生亲身体验的服务，他们可以在租裙子之前试穿那些想要租的礼服裙。通过这种方法，他们验证了女人会租裙子这个很冒险的想法。

（12）电子原型

实物模型、框线图以及产品原型以最接近产品实际用途的方式展示产品的功能。这些原型类 MVP 涵盖了最模糊的草图、功能预览截屏到更加复杂的“傻瓜型”应用，来模拟用户的产品体验，比如 UXPin。

（13）纸质原型

和电子版原型差不多，纸上的原型是用物理线条，或者是通过折纸或者是通过纸上草图来展示你的产品以及使用产品的体验。纸质原型对于 MVP 测试的优点是他们能够被团队的任何一个人使用，从产品经理、图形设计师、投资人到最终客户。同时，纸质原型只需要很少的解释，因为你可以拿到最实际的产品代表物。

（14）单一特征 MVP

很多时候能专注于 MVP 的一个特征反而是最好的方法，这样可以节约开发时间和精力，也能够防止用户从产品的最初预期上分散注意力。例如 Foursquare，一开始最简单的想法就是要让用户接入到他们所在位置的社交网络里去，而他们第一版的应用就简单地实现了这个需求。Buffer 一开始就是用于支持 Twitter，并且每个用户就只能注册一个账号。这些限制能够帮助你缩小最初的客户群并且专注于更重要的问题，例如测试产品和市场可行性而不是着急加入对其他移动端平台的支持。

（15）产品预定网页 MVP

和融资 MVP 差不多，产品预定网页 MVP 测试让你向潜在客户说明你的产品，目的是吸引客户在产品还没有开发出来前就为它买单。虚拟现实游戏装备开发公司 Oculus Rift 在他们开发的装备生产之前就发起了一个预定网页。而 Kickstarter 的很多项目也是始于预定。这样能够帮助你了解你正在努力制造的产品究竟有多大的需求量，并提醒你这个项目应该继续还是应该放弃。

MVP 的目的在于弄明白你投入的努力是否值得，最重要的一点是，弄清楚你产品里最大的假设，然后做出来，验证它。

2.NPS 法

NPS（net promoter score）是指净推荐值，是一种计算用户将会向其他人推荐某产品可能性的指数，也是一种流行的用户忠诚度分析指标。

净推荐值的计算公式：

$$NPS=（推荐者数-批评者数）/总样本数\times 100\%$$

确定净推荐值时，直接问用户一个问题：“您是否愿意将某产品推荐给您的朋友？”然后让用户在推荐程度 0—10 之间打分，最后根据打分情况，把用户分为推荐者、被动者和批评者。

推荐者：打分在 9—10 分之间，是对产品狂热的忠诚者，会不断把产品推荐给其他人。

被动者：打分在 7—8 分之间，对产品总体满意但是不狂热，会用但是不会传播。

批评者：打分在 0—6 分之间，使用产品后不满意，对产品有负面口碑。

然后，再根据推荐者和批评者的人数计算 NPS 值。

NPS 值在 50%以上比较理想，如果达到 70%—80%，则非常满意。通常很多产品的 NPS 值低于 50%，甚至是负数。

3.5 产品设计展示

团队设计完一个产品后，需要进行展示。一个简单有效的产品展示方案如图 3-8 所示。具体通过以下 5 个部分进行说明。

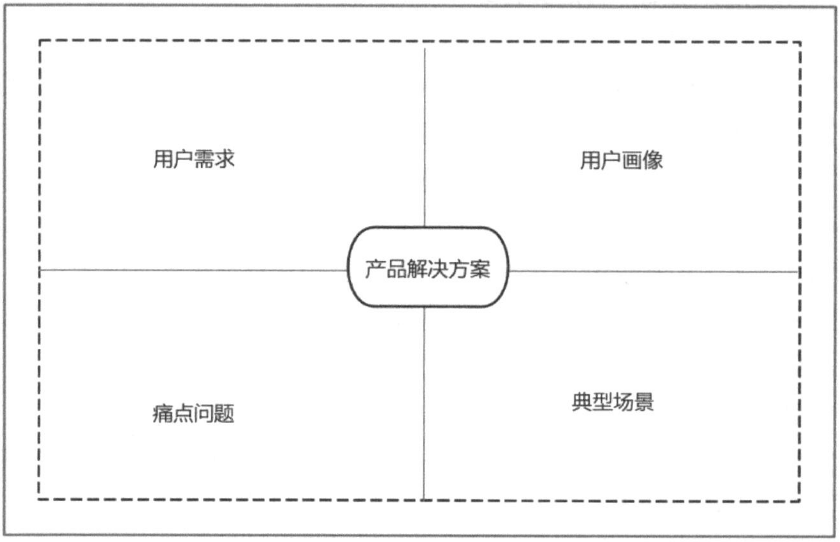

图 3-8　产品展示方案图

用户需求。通过用户调研了解用户需求和市场需求。从三个维度来定义用户需求：构建用户角色、描述使用场景、定义用户问题。

用户画像。用户画像的核心工作就是给用户打标签，标签通常是人为规定的高度精练的特征标识，如年龄、性别、地域、兴趣等。这些标签集合就能抽象出一个用户的信息全貌，每个标签分别描述了该用户的一个维度，各个维度之间相互联系，共同构成对用户的一个整体描述。

痛点问题。从三个维度进一步分析痛点：程度、频次、人群。简单来说，用户痛苦程度如何？经常会痛苦吗？有多少用户会觉得痛苦？ 真正的痛点是产品、服务需要去解决的问题，这种问题往往都是刚需。

典型场景。用户的痛点在什么样的场景下发生？

产品解决方案。可以用草图或者视频的形式展现出来。但是要把产品的核心功能和重要功能讲述清楚。

3.6 知识产权管理

3.6.1 知识产权概述

商业秘密是企业特殊的工作方式、价格成本核算或经营战略。最著名的例子就是可口可乐公司所拥有的饮料配方，它没有申请专利保护。这是因为可口可乐公司不希望将其配方泄露给竞争对手。

知识产权是基于创造成果和工商标记依法产生的权利的统称。知识产权的类型主要有四种：专利、版权、注册设计和注册商标。

专利是政府与个人或组织之间的一个契约。政府承认一个企业或个人对某项专利享有暂时性的独占权，依据的基本原理就是在经济运行当中鼓励人们从事创造性和创新性活动。然而，政府没有义务阻止其他个人或组织从中获益，这只是享有专利权的个人或组织本身的责任。

专利主要有三种：发明专利、实用新型专利、外观设计专利。

（1）发明专利

发明专利是指对产品、方法或其改进所提出的新的技术方案。可分为：

产品发明专利，是指以物质形式出现的发明。例如：人为创造的物品，电脑、飞机、油漆配方、药品配方等。

方法发明专利，是指以程序或者过程形式出现的发明。例如：发酵、分离、成型、输送、实验、操作方法等。

（2）实用新型专利

实用新型专利是指对产品的构造或其他方面提出的实用的新的技术方案。

针对具体的产品（仪器、用具）、有一定的创造性、实用性强（具有技术性能）只限于产品发明的一部分，即有一定形状或者构造的产品，不能是一种方法，也不能是没有固定形状的产品。产品的形状是指产品所具有的可从外部观察到的形状，像气态、液态、粉末状、颗粒状的物质材料构成的形状都属于没有固定形态的产品，必须是占有一定空间的实体产品。

（3）外观设计专利

外观设计专利是指对产品的形状、图案、结构、色彩等作出的富有美感并适于工业应用的新设计。

版权是通过符号©来表现的，并且给予特定种类作品的创作者法定权利，使他们能够控制那些使用他们作品的各种方式。版权保护是自动的，不需要进行注册，也不需要办理其他手续。

有 9 种作品可以获得版权保护，这 9 种作品又可以划分成三大类：

（1）原创文学、戏剧、音乐和艺术作品。

（2）录音、电影、广播节目和电视节目。

（3）印刷排版或出版物的版式设计。

3.6.2 专利检索

产品在开发过程中，专利检索是必不可少的。通过专利检索可以确定新产品开发的想法是否已经被实现或者已经被注册专利。专利检索可以通过文献的形式，也可以通过软件搜索的方式，目前常见的专利检索的网址如下：

免费：

1.专利检索及分析

2.中国及多国专利审查信息查询

3.专利信息服务平台

4.广东省知识产权公共信息综合服务平台

5.上海知识产权（专利）服务平台

6.北京市知识产权公共信息服务平台

7.专利汇

8.佰腾专利检索

9.度衍专利检索

10.润桐专利检索

11.药物在线

12.世界知识产权组织

13.美国

14.FPO

15.欧盟 EPO

16.欧洲专利数据库

17.日本特许厅专利数据库

18.澳大利亚专利数据库

19.加拿大专利数据库

20.英国专利数据库

21.德国专利商标局网

22.韩国工业产权信息服务中心（KIPRIS）

23.中国专利全文下载

24.Patent9 专利在线

25.美国专利全文下载

26.欧洲专利全文下载

付费：

1.incoPat

2.Patentics

3.Soopat

4.大为专利搜索

5.智慧芽

6.中国知网

案例：淘宝首页的设计

随着时间的推移，淘宝的产品经理们逐渐意识到淘宝首页存在的意义。它不是一个普通的页面，而是淘宝的一个重要产品，产品经理是如何找到切入点进行设计的？

首先，确定这个产品的核心用户。

第一步，进行用户细分，列出可能与淘宝首页发生关系的各种用户：买家、卖家、合作伙伴（服务买方卖方的服务商）、淘宝员工、竞争对手等。

第二步，判断每种用户的价值，排优先级。整个淘宝中，买家和卖家都是用户，很难说谁更重要，但是在首页一定是买家更重要，因为我们的目的是将产品销售出去。

第三步，判断“买家”这个用户群体的粒度是否足够细。如果够细，到此为止；如果不够细，需要回到第一步再细分，并循环这三步。

根据买家对产品的熟悉程度分为：新手、中间用户和专家。最核心的是新手买家，因为只有新手买家才会认真研究首页中的各个模块。相对成熟的用户也会访问首页，但是通常只是路过，然后直奔某个特定的模块，或者根据自己的购物需求，直接进入导购点，比如“我的淘宝”“我收藏的店铺”等。

其次，要确定用户的痛点和典型场景。

第一步，列出新手买家的各种需求：逛、购物、学习如何使用淘宝等。

第二步，对某些需求作价值判断。淘宝首页的设计中，要优先满足购物需求。

第三步，判断“购物”这个需求场景的粒度是否够细，如果够细，到此为止；如果不够细，则回到第一步再细分，并循环这三步。

各种购物需求都应该被满足，购物是刚性需求，也是痛点问题。但是在具体满足购物需求的时候，需要继续细分，以便在首页上使用不同功能模块满足不同的购物需求场景。

经典的分类做法，是按照购物目标是否明确分为目标清晰的购物需求、目标模糊的购物需求和无目标的购物需求。淘宝早期重视购物，不重视逛和社交。

所以，淘宝首页这个产品概念对应的切入点是新手买家的各种购物需求。面对竞争优势，作为淘宝的一个子产品，淘宝首页主要依托主站多年的积累。

第 4 章　如何设计商业模式

核心问题：

□商业模式是什么？

□商业模式的类型有哪些？

□如何设计商业模式？

4.1 商业模式的概念

商业模式（business model）的概念最早是在 20 世纪 50 年代提出的，但直到 20 世纪 90 年代才开始被广泛使用和传播。到了 21 世纪初，商业模式已经成为学术期刊、报纸甚至人们日常谈话中出现频率非常高的热门术语之一了。

4.1.1 商业模式的来源

最古老也是最基本的商业模式就是店铺模式，具体说，就是在具有潜在消费者群的地方开设店铺并展示其产品或服务。随着时代的进步，商业模式也变得越来越精巧。饵与钩模式——也称为“剃刀与刀片”模式，或是搭售模式——出现在 20 世纪早期。

随着传媒业务的发展，市场上形成了二次售卖模式。二次售卖指的是媒介单位先将媒介产品卖给终端消费者（读者、听众、观众），然后再将消费者的时间（或注意力）卖给广告商或广告主的过程。

今天，大多数的商业模式都要依赖于技术。互联网上的创业者们发明了许多全新的商业模式，这些互联网商业模式完全依赖于现有的和新兴的技术。利用这些技术，企业可以以最小的代价，接触到更多的消费者。

商业模式的概念最早出现在 1957 年的论文中，1998 年 Timmer 对商业模式的概念进行了系统定义。他认为商业模式是用来表示产品、服务与信息流的框架，包含对各个商业参与者及角色、潜在利益以及获利的描述。后来越多越多的学者对商业模式进行了研究，并进行了不同的定义，如表 4-1 所示。

表 4-1　学者对商业模式的不同定义或解释

学者（时间）	定义或解释
Timmers（1998）	商业模式是用来表示产品、服务与信息流的框架，包含对各个商业参与者及角色、潜在利益以及获利的描述
Mahadevan（2000）	商业模式是企业与商业伙伴及买方之间价值流、收入流和物流的特定组合
RAppa（2000）	商业模式是企业为了自我维持，产生利润而经营商业的方法，企业如何在价值链中进行定位，从而获取利润
Stewart et al.（2000）	商业模式是企业能够获得并且保持其收益流的逻辑陈述
Amit & Zott（2001）	商业模式是交易活动各组成部分的一种组合方式，其目的是开拓商业机会
Joan Magretta（2002）	商业模式描述了企业的每个部分通过配合组成一个系统，从而为顾客创造价值的活动
Morris et al.（2003）	商业模式是一种简单的陈述，说明了企业如何通过对战略方向、运营结构和经济逻辑的一系列具有内部关联性的变量进行定位和整合，以便于能够在特定的市场中建立竞争优势
Seddon & Lewis（2004）	商业模式是对一组活动在组织单位中的配置，这些单位通过在企业内部和外部的活动在市场上创造价值
Osterwalder et al.（2005）	商业模式用来说明公司如何通过创造价值、建立内部结构以及与伙伴形成网络关系，来创造市场、传递价值和关系资本，并获取利润、维持现金流

商业模式的定义是什么呢？

2008 年亚历山大·奥斯特瓦德与伊夫·皮尼厄出版了《商业模式新生代》一书，该书于 2014 年被我国学者王帅等人翻译并出版。该书认为商业模式描述了企业如何创造价值、传递价值和获取价值的基本原理。这为商业模式提供了一个有意义的定义。这本书认为商业模式是为实现客户价值最大化，把能使企业运行的内外各要素整合起来，形成一个完整的、高效率的、具有独特核心竞争力的运行系统，并通过最优实现形式满足客户需求、实现客户价值，同时使系统达成持续盈利目标的整体解决方案。奥斯特瓦德从战略的角度去审视一个企业的商业模式所处的环境，提供了一个可视化的工具——商业模式画布。

国内魏炜、朱武祥两位教授 2009 年出版的《发现商业模式》一书，书中给商业模式下了一个精辟的定义：商业模式是利益相关者的交易结构。以此为基础建立了魏朱六要素商业模式模型，为企业提供了设计优秀商业模式的一套工具和方法论。

4.1.2 商业模式的逻辑

1.如何为顾客创造价值

商业模式涉及的第一个基本问题是创业项目能为顾客提供什么样的价值主张。典型案例 iPod，它不是单一的产品，还是一种商业模式。iPod 的背后是苹果的网上音像商店 iTunes，购买 iPod 的主要目的是听音乐和看电影，一种购买行为的背后隐藏着另一种需求，这就是顾客的价值主张。苹果公司目前所取得的一切业绩都源于对顾客需求超强的还原能力。

2.如何为企业创造价值

商业模式涉及的第二个基本问题是如何为企业创造价值，指的是收入模式，即创业者在考虑了产品模式和用户模式后，思考如何为客户创造价值时，同时要考虑创业项目或者创业企业如何获取收入。

3.如何将价值在企业和客户之间传递

第三个问题是推广模式，即创业者要思考和设计通过怎样的方式能够将产品推送到目标客户群。

典型案例是盒马鲜生。它的目标顾客主要为 25—35 岁的以家庭为重的互联网用户。他们注重体验和品质，价格敏感度低。盒马鲜生的关键资源来自阿里，拥有强大的供应链、自建仓储和物流以及配送能力，还有淘宝 App 的独家流量入口。线上线下协同，是盒马鲜生实现价值创造的过程。

商业模式要解决以上三个问题，不难看出它的逻辑就是创造价值。商业模式可以具体分为三个层次，即价值发现、价值匹配、价值获取，如图 4-1 所示。

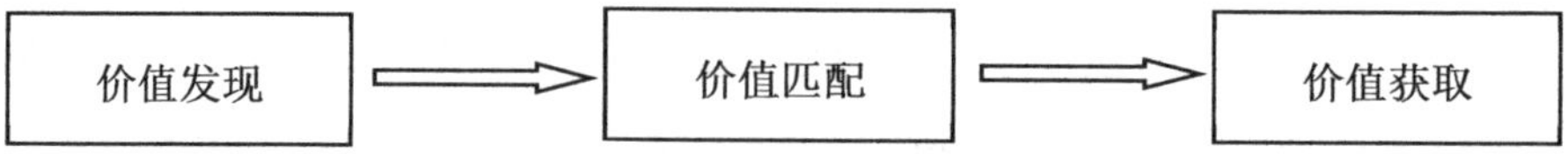

图 4-1　商业模式的逻辑

价值发现是明确价值的来源，是创业机会的延伸。创业者需要进一步明确和细化顾客的价值所在，确定价值命题，这是商业模式的核心逻辑起点。赛格威创立于 1999 年，是世界平衡车鼻祖。赛格威公司设计的电动平衡车初衷是上下班代步，但是为什么没有吸引顾客成为用户？因为顾客认为不安全，不便宜，不便携。2015 年，赛格威宣布被刚成立三年的九号公司（Ninebot）收购，市场大为惊讶，媒体纷纷将其描述为“蛇吞象”的故事。九号公司两位创始人都来自北航机械工程及自动化专业，从这个英文名就可以看出，公司前身的主营业务其实是机器人。利用技术和中国制造的优势，九号公司在 2013 年推出了重量减轻四分之一、售价仅 1 万元的同款平衡车，当年销量超过 2 万台，远远超过了赛格威。其实九号公司成功的逻辑很简单，就是把赛格威没想明白的事想明白了：产品到底卖给谁，为顾客提供什么样的价值。赛格威想卖给警察、家庭主妇、潮人极客、包裹分拣员等所有它能想得到的用户，于是诞生了集出行、载物、炫技、作业功能为一体的庞然大物，结果谁都不想买。九号公司最早的平衡车只锁定明星、极客等追求前卫时尚的小众群体，定位是大玩具，因此产品可以难驾驭，造型却绝不能笨拙沉闷。于是九号公司把轮子、踏板全都改小了一圈，稳定性牺牲，便捷和灵活度却大大提高，成本也随用料减少而降了下来。2014 年九号公司和小米联合推出了售价 1999 元、轻至 12 公斤、能让人轻松拎起的九号平衡车。2015 年 4 月，九号公司宣布了两件事：获得小米领投，红杉、顺为和华山资本跟投的 8000 万美元 A 轮融资；以及拿着这笔钱，再加上资本背书下获得的贷款，全资收购了赛格威。

价值匹配是寻找合作伙伴、整合社会资源、实现价值创造的基础。新的企业不可能拥有创业需要的所有条件，创业者必须积极寻找合作关系，整合价值网络资源。以戴尔公司为例，在创业初期与供应商、托运企业、顾客以及其他合作伙伴一起构建戴尔的商业模式。

价值获取的前提是制定竞争策略，占有创新价值。价值获取的途径有两个：一个是为新企业选择价值链中的核心角色；二是对自己的商业模式设计的细节尽可能保密。一方面，价值链中每项活动的增值空间是不同的，哪个企业占有较大增值空间的活动，就占有了较大比例的价值链，这也就直接影响到了企业新价值的获取。另一方面，有效的商业模式很容易被模仿，而模仿后会在一定程度上侵蚀企业的利润，因此要保护企业的商业模式，使其有创新效益。例如谷歌，巧妙安排随同搜索结果一起出现的广告，可以获取广告收入；向门户网站和企业许可搜索技术，网站和企业内部搜索免费，利润从广告商那里获取。

4.2 商业模式的类型

1.多边平台商业模式

多边平台是将两个或两个以上有明显区别但又相互依赖的客户群体集合在一起，通过促进各方客户群体共同互动来为参与各方创造价值。多边平台是联结各方客户的中介，其成功的关键是必须能同时吸引和服务所有客户群体并以此来创造价值。

传统的农贸市场就是典型的多边平台商业模式。在很长的时间里，这种模式并没有引起人们过多的关注，只是随着信息技术的发展，这种平台有了新的表现形式——基于互联网的交易平台，且得到了迅猛发展。多边平台式商业模式也日益成为这个时代重要的商业模式之一。微软视窗操作系统、谷歌、百度、微信、淘宝、京东商城、大众点评、亚马逊、当当网等都是利用现代信息技术发展成功的多边平台的经典案例。

2.长尾式商业模式

长尾概念由克里斯·安德森提出，这个概念描述了媒体行业从面向大量用户销售少数拳头产品，到销售庞大数量的利基产品的转变，而每种利基产品都只产生小额销售量。长尾理论在媒体行业以外的其他行业也同样有效。与此同时，安德森认为有三个经济因素引发了长尾现象。

一是生产工具的大众化：不断降低的技术成本使得个人可以接触到几年前还昂贵得吓人的工具。二是销渠道的大众化：电子商务使得产品能以极低的库存、沟通成本和交易费用，为利基产品开拓新市场。三是联结双方的搜索成本不断下降：销售利基产品真正的挑战是找到感兴趣的潜在买家。现在强大的搜索功能和几大电子商务平台，已经让这些挑战变得容易多了。

根据长尾理论，即使全世界只有一个消费者的产品也能实现交易并获利。

公司通过少数几种产品卖遍天下的时代即将结束，一个小众、个性化消费的时代正在来临。长尾市场不仅仅是互联网企业的专利，长尾市场无处不在：从音乐、电影、电子图书、报纸等可数字化的媒体产品到食品、卫生清洁用品等实体产品都存在长尾市场。

在中国，存在于各地的隐形冠军、利基市场、定制企业、小众市场、独特体验等企业活动，都非常适合于长尾理论。长尾市场会为互联网时代的企业家、创业者带来无限的创业机会。长尾式商业模式的核心是多样少量。他们为利基市场提供大量产品，而每种产品相对而言卖得都少。2005 年，乐高开始尝试用户创造内容模式，他们推出了乐高工厂，让客户组装自己的乐高套件并在线订购。这家公司把被动的客户变成了主动的设计者，参与到乐高的设计体验中来。这种模式要求改造供应链的基础设施，因为玩具套件的供应量很低，所以乐高仅仅调整了现有的资源和业务。就商业模式而言，乐高已经通过长尾领域迈出了超大规模定制的一步。除了帮助用户设计自己的乐高套件外，还在线销售用户设计的玩具。

长尾式商业模式是基于强大的平台和低成本的物流和供应链，向注重个性化消费的市场提供种类繁多而数量很少的产品和服务而形成的一种新型商业模式。

3.免费商业模式

所谓“免费商业模式”，就是在某个市场上至少有一个庞大的客户群可以持续享受到免费产品或服务，通过交叉补贴（即其他细分客户付费给免费客户提供补贴）支撑企业运营并实现盈利的商业模式。免费的产品让用户觉得“没有任何损失”，这样就能快速获取用户，吸引他们花费大量时间体验产品，从而引导他们为产品的其他功能付费。

常见的免费模式有以下几种。

诱钓模式：各大电信运营商推出的合约机。合约机很便宜，话费却不便宜。

免费增收：基础服务免费，增值服务收费，如各种手游。

多边平台：用户在 Android 系统上免费下载 App，广告商为此付费，开发商可以分得利润。百度属于多边平台商业模式。

4.非绑定式商业模式

约翰・哈格尔和马克・辛格提出非绑定式商业模式和非绑定公司的概念。

他们认为企业是由受到经济因素、竞争因素和文化因素三种因素驱动形成的不同业务组成，这些业务包括客户关系型业务、产品创新型业务、基础设施型业务。如表 4-2 所示。

三种业务类型发展的驱动因素各不相同，客户关系型业务的职责是搜寻和获取客户并与客户建立良好关系；产品创新型业务的职责是开发新的和有吸引力的产品和业务；基础设施型业务的职责是构建和管理平台，以支持大量重复性的工作。非绑定式理论认为，这三种业务类型受不同因素驱动，同一组织中这些业务类型彼此之间会发生冲突，或导致不利的权衡妥协，因而主张在一个企业内分离三种业务，一个企业的业务应该聚焦于其中某一种。

表 4-2　非绑定式商业模式的三种业务类型

驱动因素	客户关系型业务	产品创新型业务	基础设施型业务
经济	获取客户的高昂成本决定必须获取大规模的客户份额，范围经济是关键	更早地进入市场可以索要议价价格，并获取巨大的市场份额。速度是关键	高昂的固定成本决定了通过大规模生产达到降低单位成本的必要性，规模是关键
竞争	针对范围而竞争，快速巩固，寡头占领市场	针对人才而竞争，进入门槛低，许多小公司繁荣兴旺	针对规模而竞争，快速巩固，寡头占领市场
文化	高度面向服务：客户至上心态	以员工为中心，鼓励创新人才	关注成本：统一标准，可预测有效性

4.3 商业模式画布

商业模式画布是一个视觉化的商业模型架构和分析工具，如图 4-2 所示，可以把商业模式设计分为 9 个关键要素：价值主张、客户细分、渠道通路、客户关系、收入来源、核心资源、关键业务、合作伙伴、成本结构。任何新的商业模式，都可以由这 9 个要素按不同逻辑重新排列组合得出。

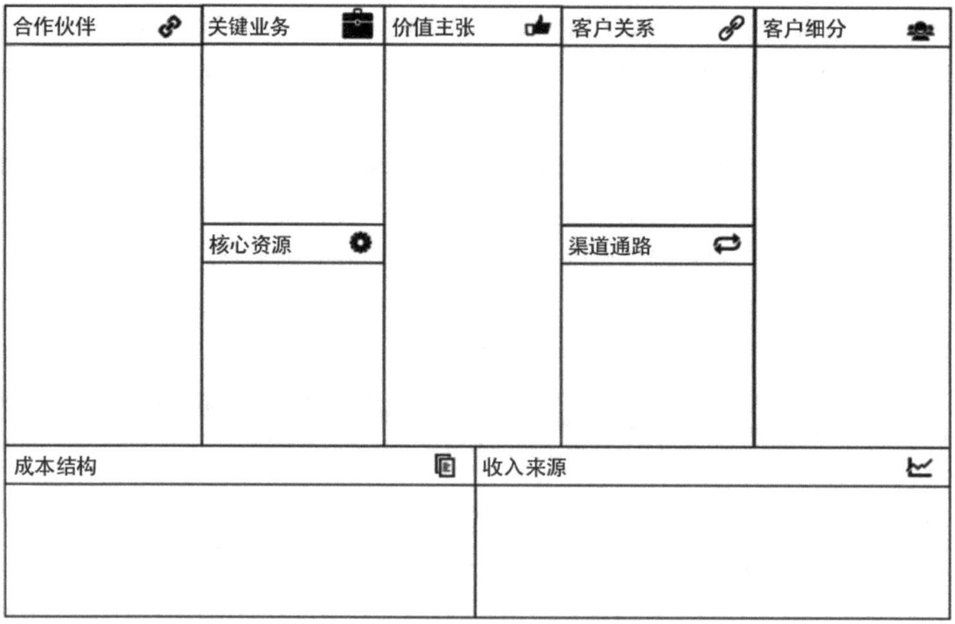

图 4-2　商业模式画布

1.价值主张

价值主张指公司通过其产品和服务所能向消费者提供的价值。价值主张确认了公司对消费者的实用意义。

可以通过回答以下几个问题，明确价值主张：

我们该向客户传递什么样的价值？

我们正在帮助客户解决哪一类难题？

我们正在满足哪些客户需求？

我们正在提供给客户细分群体哪些系列的产品和服务？

2.客户细分

客户细分用来描绘为特定客户细分创造价值的系列产品和服务。主要回答以下问题：

我们正在为谁创造价值？

谁是我们的重要客户？

我们为哪些群体提供服务？

我们帮助哪些群体解决问题？

哪些群体会为你的产品和服务最终买单？

3.渠道通路

确定了价值主张，瞄准了目标用户后，创业者要描绘公司如何沟通、接触细分客户而传递其价值主张，需要回答以下问题：

通过哪些方式和途径接触我们的客户细分群体？

我们如何接触客户？

我们的渠道如何整合？

哪些渠道最有效？

哪些渠道成本效益最好？

如何把我们的渠道与客户的例行程序进行整合？

4.客户关系

企业需要和客户保持什么样的关系才能够使得客户一直留存。客户关系用来描绘公司与特定客户细分群体建立的关系类型，需要回答以下问题：

每个客户细分群体希望我们与之建立和保持何种关系？

哪些关系我们已经建立了？

这些关系成本如何？

如何把这些关系与商业模式的其余部分进行整合？

客户可不可以经常使用我们的产品和服务？

客户会不会为我们的产品和服务持续买单？

5.收入来源

收入来源用来描绘公司从每个客户群体中获取的现金收入（需要从收入中扣除成本），需要回答以下问题：

什么样的价值能让客户愿意付费？

客户现在付费买什么？

客户如何支付费用？

客户更愿意如何支付费用？

每个收入来源占总收入的比例是多少？

收入来源的类型主要有：

①资产销售；

②使用收费；

③订阅收费；

④租赁收费；

⑤授权收费；

⑥经济收费；

⑦广告收费。

6.核心资源

核心资源用来描绘让商业模式有效运转所必需的最重要的因素，需要回答以下问题：

我们的价值主张需要什么样的核心资源？

我们的分销渠道需要什么样的核心资源？

我们的客户关系需要什么样的核心资源？

我们的收入来源需要什么样的核心资源？

核心资源的类型：

①实体资产；

②知识资产；

③人力资源；

④金融资产。

7.关键业务

关键业务用来描绘为了确保其商业模式可行，企业必须做的最重要的事情，需要回答以下问题：

我们的价值主张需要哪些关键业务？

我们的渠道通路需要哪些关键业务？

我们的客户关系需要哪些关键业务？

我们的收入来源需要哪些关键业务？

关键业务的类型：

①制造产品；

②平台/网络；

③问题解决。

8.合作伙伴

合作伙伴指让商业模式有效运作所需的上下游服务商与合作伙伴的网络，

甚至是竞争对手。主要回答以下问题：

谁是我们的重要伙伴？

谁是我们的重要供应商？

我们正在从伙伴那里获取哪些核心资源？

合作伙伴都在执行哪些关键业务？

合作伙伴的类型：

①在非竞争者之间的战略联盟关系；

②在竞争者之间的战略合作关系；

③为开发新业务而构建的合资关系；

④为确保可靠供应的购买方——供应商关系。

9.成本结构

成本结构是指运营一个商业模式所引发的所有成本，需要回答以下问题：

什么是我们商业模式中最重要的固定成本？

哪些核心资源花费最多？

哪些关键业务花费最多？

案例 1：苹果多边平台商业模式，如图 4-3 所示。

苹果推出了数字化移动应用程序发行平台 App Store，并将 iPhone 与其连接起来。在“iPhone + App Store”的平台商业模式中，苹果公司不仅赚取硬件的利润，还收取平台费用，即通过 App 应用程序的销售分成来获利，苹果及合作伙伴获得第三方开发者发行的应用程序销售收入的30%，开发者则获得70%。

图 4-3　App 的商业模式画布

案例 2：开源——变形的免费增收模式，如图 4-4 所示。

开源提供的软件免费，但是需要支付订阅费。

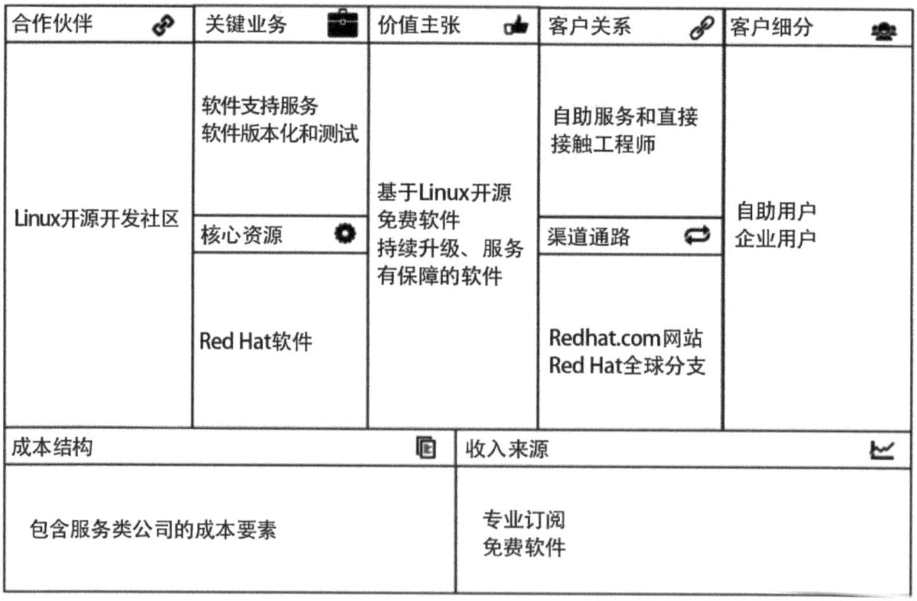

图 4-4　开源商业模式画布

案例 3：Lu.com 长尾式商业模式，如图 4-5 所示。

Lu.com 将传统畅销书的出版社模式转变为提供给任何人出版作品的模式。

图 4-5　Lu.com 长尾式商业模式画布

案例 4：瑞士私人银行非绑定式商业模式，如图 4-6 所示。

图 4-6　瑞士私人银行商业模式画布

瑞士私人银行 Maerki Baumann 采用了非绑定式商业模式：将面向交易的平台业务拆分为驻内银行实体，为其他银行和证券提供银行服务（交易平台）；而其本身则专注于建立良好的客户关系，并提供咨询服务。

4.4 精益画布

4.4.1 精益创业理论

埃里克·莱斯提出的精益创业理论也为我们提供了一种探索商业模式的工具。成熟企业已经有了验证过的商业模式，而新创企业必须探索未知的商业模式。对于新创企业来说，精益创业这个工具由三个部分构成：第一，基本的商业计划；第二，客户开发；第三，精益研发。

一般来说，新创企业的发展会经历四个阶段：第一阶段，发散式探索；第二阶段，聚焦探索；第三阶段，商业模式确立；第四阶段，公司正常运营，如图 4-7 所示。第一阶段和第二阶段都属于商业模式探索阶段，从精益创业的理念去探索新创企业的商业模式工具。

<table>
<tr><td rowspan="3">现金流</td><td colspan="2">精益创业阶段</td><td rowspan="3">第三阶段
商业模式确立</td><td rowspan="3">第四阶段
公司正常运营</td></tr>
<tr><td>第一阶段
商业模式探索
（发散）</td><td>第二阶段
商业模式探索
（聚焦）</td></tr>
<tr><td></td><td></td></tr>
</table>

图 4-7　新创企业发展阶段

4.4.2 精益画布的基本要素

精益画布的发明者叫阿什·莫瑞亚，他是美国的一位连续创业者，也是精益创业运动的旗手。他在自己的第一本书《精益创业实战》中详细介绍了这个工具。精益画布只有一页纸，但非常实用。对创业公司来说，它既是对商业模式的描绘和提炼，也是一个非常简洁的商业计划书，还可以是指引公司发展方向和路径的战略规划。精益画布一共分为九格，如图 4-8 所示。

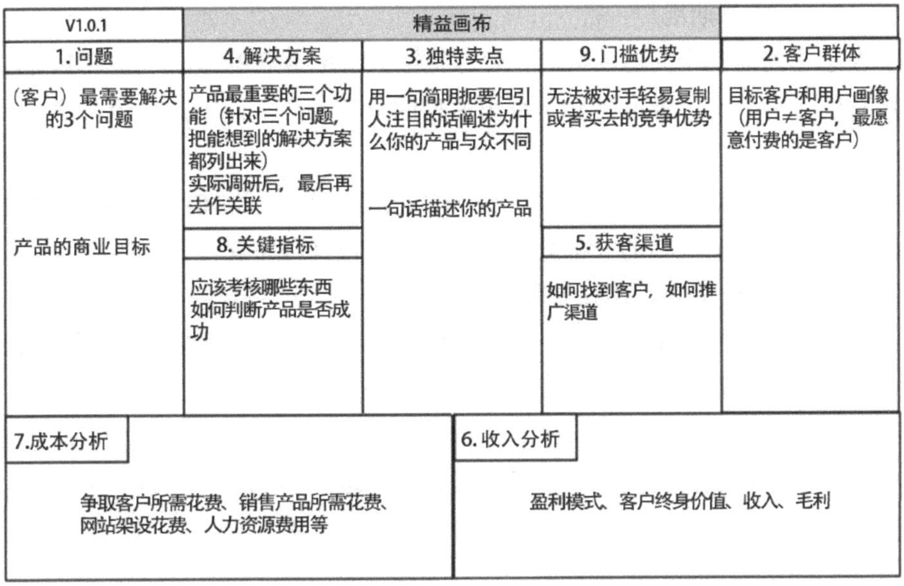

图 4-8　精益画布

精益画布的基本要素包括：问题、客户群体、独特卖点、解决方案、获客渠道、收入分析、成本分析、关键指标、门槛优势。我们制作画布的时候，最好也按照上面这个顺序进行填写。

4.4.3 用精益画布设计商业模式

1.问题和客户群体

问题和客户群体的匹配通常是整个画布的核心，最好一块儿解决它们。

（1）列出一到三个最重要的问题

针对每个目标客户群体，阐述他们最需要解决的一到三个问题。

（2）列出现有的备选解决方案

除非你想解决的问题是从来没有人涉及过的，否则大部分问题都有现成的解决方案。

（3）找出其他的用户角色

找出其他可能会和目标客户进行互动的用户角色。例如：在博客平台上，客户是博客作者，而用户是读者；在搜索引擎上，客户是广告商，而用户是搜索者。

（4）锁定早期用户

在思考前面几个问题的同时，要尽量细分目标客户群体，并进一步细化典型用户的各种特征。你的目标是找出典型的早期用户，而不是主流客户。

2.独特卖点

独特卖点也就是独特的价值主张，位于精益画布正中间，这是画布中最重要的部分，也是最难写的一部分。下面是一些设计独特卖点的小技巧。

（1）要与众不同，还要有独到之处

找出你的产品的不同之处，最好的办法就是直接从你要解决的头号问题出发。如果这个问题确实值得解决，那你就已经成功一大半了。

（2）针对早期用户来设计

你现在还没到针对主流人群进行设计的阶段，现阶段的首要任务应该是找出那些可能成为早期用户的人群，然后针对他们来进行设计。

（3）专注最终成效

强调产品带来的好处，而非产品有什么功能。

这里有一个很有意思的公式：

直白清晰的头条 = 客户想要的结果 + 限定的时间期限 + 做不到怎么办

下面是某披萨店的宣传语，完全符合上述公式：新鲜出炉的比萨 30 分钟之内送货上门，否则分文不收。

你也可以试试这个公式。

（4）认真选择词汇，并经常使用

我们可以看看那些世界级豪华汽车品牌是如何选择一个词来作为品牌之魂的：

宝马——性能；

奥迪——设计；

奔驰——威望。

除了强化品牌和宣传之外，使用这些关键词也可以提升搜索引擎排名。

（5）回答：什么、谁和为什么

好的独特卖点必须明确地回答前两个问题——即你的产品是什么？客户是谁？

下面是精益画布的发明者阿什·莫瑞亚为精益画布写的独特的价值主张：精益画布把时间用来创业，而不是写商业计划书，一种能让你更快、更有效地阐述你的商业模式的工具。

（6）研究优秀案例

要想写出好的独特卖点，最好的方法是研究你喜欢的品牌的独特卖点。访问他们的网站，看看到底为什么他们的独特卖点很吸引人，以及哪些方面做得好。

（7）写一个简短有力的口号作为练手

下面是例子：

《异形》电影——太空版《大白鲨》。

3. 解决方案

现在你所想的问题都没有经过验证和测试，所以经过几次客户访谈之后你可能会重新给这些问题排出轻重缓急，甚至换掉一些问题，因此，不要忙着确定详细的解决方案，只需粗略地想想，针对每个问题，你能提供的最简单的解决方案是什么。

4. 获客渠道

无法建立起有效的客户渠道是创业公司失败的主要原因之一。创业公司的首要任务是学习和试验，而不是扩张，所以，刚刚开始的时候任何能把产品推给潜在客户的渠道都可以利用。

选择早期渠道的时候，尽量考虑到下面这些问题。

（1）免费与付费

没有什么渠道是真正免费的，即便是 SEO（搜索引擎优化）或者社交媒体，也是需要投入人力和时间的。

（2）内联与外联

内联式渠道（Inbound Channel）是使用拉式策略让客户自然而然地找到你，而外联式渠道（Outbound Channel）则主要是使用推式策略让产品“接触”客户。

内联式渠道包括博客、SEO、电子书、白皮书以及网络讲堂等，外联式渠道包括传统媒体或者电视广告、展销会以及直接打电话等。

如果你的独特卖点还没有经过市场检验，就没必要在外联式渠道上花钱。

（3）亲力亲为与自动化

直销是最为有效的学习手段之一，因为你可以面对面与客户进行交流。先亲力亲为地进行推销，然后再自动化。

（4）亲力亲为与他人代为

别过早地寻求和大公司建立战略合作伙伴关系，虽然借用对方的渠道和信誉上位听起来很不错，但问题是：如果没有切实可行的产品，你又怎么能得到大公司的青睐呢？你必须先亲自上阵销售你的产品，然后才能让别人来帮你销售。

（5）做口碑之前先留住客户

虽说口碑营销是一种很有效的手段，但你必须先做出来一个值得让人宣传的产品。

5. 收入分析和成本分析

这两格是用来分析商业模式的发展性的，分析当下的财务情况就可以，不用预测未来。

（1）收入分析

如果你打算做收费产品，那从一开始就应该收费，原因如下。

价格也是产品的组成部分。在你面前有两瓶水，一瓶 19 元，另一瓶 2 元，哪瓶水更好呢？大部分人可能都会倾向于认为贵的那瓶水更好。这个例子背后的道理很简单，也很重要——价格能够改变潜在用户对产品的看法。

什么样的价格匹配什么样的客户。什么价位的产品都有人买，你的产品定价正好说明了你想服务于哪个目标客户群体。

让人掏钱是第一重验证。让客户给你钱是一件非常困难的事情，但也是一种初级形式的产品验证。

（2）成本分析

例如：访谈几十个客户（视需求确定数量）需要多少成本？

当前的支出还有哪些？把它们分为固定成本和变动成本。

最后，把收入和成本分析结合起来，计算出一个平衡点，估计一下你需要花多少时间、金钱和精力才能达到这个平衡点。这个信息能帮助你决定不同商业模式的优先级，即先尝试哪一种模式。

6.关键指标

不管你想要做什么产品或者提供什么服务，总得找出几个关键的指标，用来衡量项目的进展情况——到底是好还是坏，是快还是慢，是值得继续投入还是到此为止。另外，在融资的时候，也需要向投资者说明项目进展情况，而融资对大部分创业企业来说都是至关重要的。因此，关键指标非常重要。

7.门槛优势

这也是非常难填的一格——所以我们把它留到了最后，因为我们自认为是优势的东西，很多时候并不是真正的优势。

例如，创业者常常把“首创”称为优势，其实这很可能是劣势，因为你需要独自承担开辟新市场的风险——也许“同行是冤家”，但他们也帮你分担了一部分市场风险。你能数出来的行业巨头，包括丰田、谷歌、微软、苹果、Facebook……它们都不是首创。有人甚至提出了这样一个观点：“任何可能被山寨的东西都会被山寨。”

因此，真正的门槛优势必须是无法轻易被复制或者购买的。符合这个定义的门槛优势包括内部消息、“专家级用户”的支持和好评、超级团队、个人权威、大型网络效应、社区、现有客户、SEO 排名等。

制作第一版画布的时候，你可以把这格空着，但你迟早要回答这个问题，因为它关系到你能否建立一家不被紧随而来的模仿者冲垮的公司。

案例：摩拜的精益画布

摩拜单车是由胡玮炜创办的北京摩拜科技有限公司研发的互联网短途出行解决方案，是无桩借还车模式的智能硬件。人们通过智能手机就能快速租用和归还一辆摩拜单车，用可负担的价格来完成一次几公里的市内骑行。摩拜单车为解决最后一公里的问题提供了不同的商业模式，让我们一起来看看共享单车摩拜的精益创业画布。如图 4-9 所示。

<table>
<tr><td>问题</td><td>解决方案</td><td>独特卖点</td><td>门槛优势</td><td>客户群体</td></tr>
<tr><td rowspan="3">客户方面：1.开车堵、打车贵、走路远。2.固定车桩不方便。3.自己买自行车维护管理麻烦。
政府方面：1.城市拥堵治理。2.改善民生，提倡绿色出行</td><td>1.智能锁，能够无线接收开锁信息，并实时定位。2.不需要固定充电和还车。3.通过手机 App 控制</td><td rowspan="3">1.扫码借车。无须固定车桩。2.车多，唾手可得。3.外观时尚</td><td>1.专利。2.工艺。3.后台：红杉、腾讯等</td><td rowspan="3">1.一、二线城市。2.上班族、大学生、年轻人。3.政府公共部门</td></tr>
<tr><td>关键指标</td><td>获客渠道</td></tr>
<tr><td>1.单车投放量。
2.用户活跃度。
3.单车开锁率。
4.单车故障率</td><td>1.市区投放车辆。
2.社交媒体传播。
3.福利活动、红包现金等</td></tr>
<tr><td colspan="2">成本分析</td><td colspan="3">收入分析</td></tr>
<tr><td colspan="2">车辆成本、运营资金</td><td colspan="3">押金、预付、月卡和季卡、广告</td></tr>
</table>

图 4-9　摩拜单车精益画布

4.5 魏朱六要素商业模式

魏炜、朱武祥两位教授给商业模式下了一个精辟的定义，并建立了魏朱六要素商业模式模型，如图 4-10 所示，为企业提供了一套设计优秀商业模式的工具和方法论。

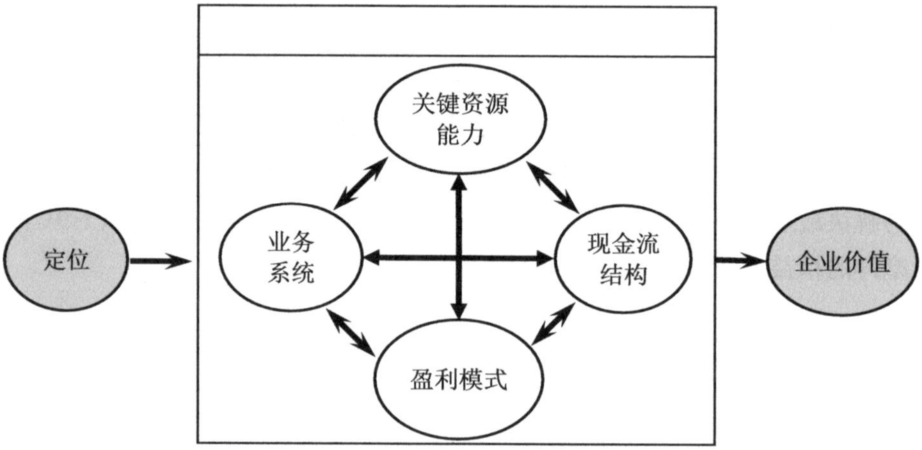

图 4-10　魏朱六要素商业模式模型

1.定位

定位就是企业应该做什么，它决定了企业应该提供什么样特征的产品和服务来满足客户的需求。定位是企业战略选择的结果，也是商业模式体系中其他有机部分的起点。

2.业务系统

业务系统是指企业达成定位所需要的业务环节、各合作伙伴扮演的角色以及利益相关者合作与交易的方式和内容。业务系统是商业模式的核心。

3.关键资源能力

关键资源能力是让业务系统运转所需要的重要的资源和能力。

4.盈利模式

盈利模式主要指企业的收支来源和收支方式。收支来源即谁给谁钱，收支方式包括固定性质的租金、剩余性质的价差、分成性质的佣金，以及拍卖、顾客定价、组合计价等。

5.现金流结构

自由现金流结构是指这个交易结构在时间点上的流入、流出的结构、比例和在时间序列上的分布。

6.企业价值

企业价值，即企业的投资价值，是企业预期未来可以产生的自由现金流的贴现值。

我们看到，定位是商业模式的起点，企业价值是商业模式的归宿，是评判商业模式优劣的标准。企业的定位影响企业的成长空间，业务系统、关键资源能力影响企业的成长能力和效率，加上盈利模式，就会影响企业的自由现金流结构。不同的商业模式，有不同的结果。

2017 年，新零售风起云涌，盒马鲜生作为阿里巴巴的新零售代表，吸引了众多的眼球。下面从现在和未来两个角度，用魏朱商业模式模型分析阿里巴巴寄予厚望的盒马鲜生到底想干什么。如表 4-3 所示。

表 4-3　盒马鲜生商业模式对比

六要素	现在的商业模式	未来的商业模式
定位	线上线下一体化的连锁超市，B2C	新零售服务提供商及供应链平台服务商，S2B
业务系统	1.采购与供应链； 2.仓储与物流； 3.零售服务	1.供应链赋能； 2.数据赋能：模式、流量、IT； 3.资本化赋能
关键资源能力	1.供应链管理能力； 2.物流配送能力； 3.零售管理与服务能力； 4.全数字化业务流程 IT 系统； 5.实体店的优质场地	1.供应链管理能力； 2.新零售平台管理能力（模式、IT、管理）； 3. 资本化运作能力
盈利模式	1.收入来源：从消费者获取商品销售收入和加工服务费，从餐饮企业获得场地租金； 2.成本结构：场地成本、商品采购和运作成本、IT 成本、人力成本	1.收入来源：从超市获得商品采购和物流服务收入，从超市获得零售服务收入，从超市获取投资收入； 2.成本结构：供应链服务成本、IT 服务成本、投资
现金流结构	实体门店一次性投入大；管理费用、财务费用、员工工资、资产折旧费等平稳；运营费用较高，利润薄	超市服务收入；管理费用、财务费用、员工工资、资产折旧费；运营费用不高，利润可观
企业价值	重资产模式，大规模开店，统一采购，实现线性增长	轻资产模式，通过实体商超入股或者改造，打造新零售生态圈，形成 S2B2C，实现指数级增长

盒马鲜生现在的商业模式：

1.定位

盒马鲜生是阿里巴巴重构线下超市产生的新零售业态，它既是一家生鲜超市，又是便利店，还是餐饮店，也能直接从线上选购送货到家，用创始人侯毅的说法是“四不像”。

盒马鲜生定位目标客户群是：晚上大部分时间在家的家庭用户，周末会带着孩子去超市走走的用户。目前最核心的客户是 25—35 岁的互联网消费者，以女性为主。这个群体对商品的新鲜度和品质是第一要求，把服务看得很重要，对价格的敏感度反而不高。

盒马鲜生超市多开在核心商圈，主打海鲜，兼营生鲜品和快消日用品，提供海鲜加工与餐饮。下单购物需要下载盒马 App，只支持支付宝付款，不接受现金、银行卡等任何其他支付方式。盒马鲜生的重要特点之一就是快速配送：门店附近 3 公里范围内，30 分钟送货上门。

2.业务系统

盒马鲜生运用大数据、移动互联网、智能物联网、供应链等技术及先进设备，实现人、货、场三者之间的最优化匹配。

盒马鲜生目前采用重资产模式，整套业务系统比较复杂。

（1）采购和供应链

盒马鲜生采取生鲜原产地直接采购，部分商品与天猫共享供应链，为全国所有门店供货。这样降低了采购流通成本，在保证新鲜度的前提下也降低了产品价格。产品性价比高，促使销量增加，也提升了产品流转率，生鲜损耗率降低。有资料显示，盒马的菜品价格低于传统菜市场 10%以上。

（2）仓储和物流

盒马鲜生的门店选在核心商圈，而且动辄就是 4000 平方米以上，前店和后仓面积比例为 1∶1。盒马鲜生仓店一体的仓储方式和智能调度技术是确保以门店为半径 3 公里内 30 分钟送达的核心，其中 10 分钟用来拣货装箱，20 分钟用来配送。

盒马鲜生的供应链、销售、物流完全数字化，通过悬挂链、电子价签、智能设备识别、智能分拨等技术手段，从商品的到店、上架、拣货、打包、配送等，作业人员通过流水化的拣货装箱系统作业，简易高效，而且出错率极低，提高了人效、坪效以及物流效率。

盒马鲜生自建物流团队，运用智能调度技术，用算法规划出合理的配送路径，降低空驶率，提高物流效率。

（3）零售服务

盒马鲜生重构购物场景，重新组合商品比率，主打海鲜，兼营水果蔬菜等生鲜品和快消日用品，提供海鲜加工与餐饮、新鲜的海鲜等生鲜商品、方便的即买即吃餐饮，提升了用户购物体验。

另外，盒马鲜生为门店附近 3 公里范围内的客户，提供盒马 App 在线下单、30 分钟送货上门的极致体验。

3.关键资源能力

要想打造盒马鲜生这套业务体系，需要三个关键能力和两个关键资源。

（1）供应链管理能力

要想获得最新鲜、性价比高的生鲜产品，盒马鲜生需要从原产地直接采购，为全国各地的实体门店供货。

整合供应链资源，建立统一、高效的供应链管理体系，这是盒马鲜生的根本，是实现用户良好体验的保证，是新零售区别于传统零售的重要条件。

（2）物流配送能力

盒马鲜生为实现门店附近 3 公里范围内的客户下单 30 分钟送货上门的极致体验，社区仓储和高效的物流配送能力是重要的保障。

（3）零售管理与服务能力

盒马鲜生的实体门店归根结底还是零售，如何选址与装修，如何选购商品，如何库存管理，如何服务好消费者，如何增加客户黏性以提高坪效，都是盒马鲜生的基本功，是保证盒马鲜生正常运转的基础。

（4）全数字化业务流程 IT 系统

增加客户黏性以提高坪效是盒马鲜生的首要目标，利用互联网、物联网、大数据等技术，建立全数字化业务流程 IT 系统是提高人效、坪效、物流效率的保障，以实现线上与线下、产业上游与下游的网络协同。

（5）实体店的优质场地

零售行业的一个成功关键要素是找到好地段的合适场地，盒马鲜生的零售门店网络需要在全国各地甚至全球的优质场地。

4.盈利模式

从收入来源和成本结构两方面，来分析盒马鲜生的盈利模式。

（1）收入来源

盒马鲜生的收入主要有三种：

①从消费者获取商品销售收入，挣价差；

②从消费者获取餐饮加工服务收入，主要是海鲜类；

③从餐饮企业获取场地租金。

（2）成本结构

盒马鲜生采用的是重资产模式，前期成本比较高。

①场地成本

盒马鲜生仓店一体的方式给盒马鲜生的前期投入带来巨大成本，比如实体门店的租赁、装修费用等。

②商品采购和运作成本

盒马鲜生的生鲜商品从原产地直采直供，经过全程冷链运输并精细包装后，直接进入盒马鲜生超市冷柜售卖。由于采用大规模的统一采购和货运，降低了商品成本。

③IT 成本

全数字化业务流程 IT 系统涉及复杂流程、众多环节，需要大量的软件开发和运维人员。

④人力成本

盒马鲜生需要大量的人员，比如实体门店的服务人员、配送人员、供应链采购人员、IT 人员等，人力成本不低。

盒马鲜生盈利模式最核心的指标是坪效。传统零售企业做到每年每平方米 1.5 万元营业额，已经是零售企业中很高的水平，但是盒马鲜生已经实现了每年每平方米 5 万到 10 万元营业额。为什么会有这么高的坪效？主要来自盒马鲜生“海鲜+餐饮”的组合，提高了客单价，另外盒马的订单 60%来自线上，极大提升了坪效。

但是，根据一些测算数据，盒马鲜生的单店利润值得担忧。有业内人士曾算了笔账，盒马鲜生旗下一家排名靠前的门店日销售额可达 40 万元，毛利率 20%，客单价 60 元，送货成本 12 元/单。如果该店月销售额 1200 万元，毛利则为 240 万元。参照传统超市前台店面费率 15%—18%，盒马该店前台店面费用将达 180 万—216 万元，但盒马后台物流费用高达 144 万元（以月订单 20 万单计，其中线上订单 60%即 12 万单，履约成本 12 元/单），月利润为-84 万到-120 万元。

5.现金流结构

盒马鲜生的现金流比较传统，每个实体门店开店前一次性支出较大，在日常有持续的现金流收入，以及相对平稳的管理费用、财务费用、员工工资、资产折旧等日常支出，总体来说运营费用较高，利润很薄。

6.企业价值

当前的盒马鲜生是重资产模式，通过大量开店扩大规模，通过统一采购降低成本，通过线上与线下结合提高坪效，以实现业绩线性增长。

根据市场报告，纯电子商务只占到中国 4.8 万亿美元零售市场的 15%，盒马鲜生就是冲着85%的线下零售市场而来的，通过新零售商业模式和互联网技术，改造实体门店，获得更大的零售市场增长。

未来，盒马鲜生将可能会采取“自营+合资”两条路线的扩张模式，将在中国 30 多个城市当中开设 2000 家以上的门店。

让我们畅想一下盒马鲜生的未来：借着新零售的光环，盒马鲜生通过在全国各地持续开实体门店，来一步步扩大经营规模，经过很多年最终成为一个“巨无霸”，走类似沃尔玛这个全球最大实体超市的道路，并通过规模化经营，降低运营成本，提高总体收益，业绩形成线性增长。

盒马鲜生未来的商业模式：

1.定位

未来的盒马鲜生将是新零售服务提供商及大供应链平台服务商，也就是阿里巴巴提出的 S2B，整合供应链和数据，统一为众多的小门店提供服务。

一方面，盒马鲜生通过自营，基本验证了这套商业模式的可行性，树立起阿里巴巴新零售的标杆，另一方面，阿里巴巴近几年在资本上陆续渗透传统零售，比如银泰、新华都、百联、三江购物、苏宁、大润发、欧尚等，为后续改造线下零售作好准备，也为盒马鲜生退居二线整合供应链铺好了路。

2.业务系统

作为 S2B 模式的代表，未来的盒马鲜生的业务系统将会有以下重大变化。

（1）供应链赋能

盒马鲜生将集中整合上游供应链，成为 S2B 中的 S，无论是生鲜的直采，还是快消品的统一采购，为众多线下门店提供供应链赋能，这将成为盒马鲜生的利润点。盒马鲜生的盈利模式，将从商场卖货盈利，变成供应链的整合盈利+数据盈利。

（2）数据赋能

要玩转新零售，盒马模式是一个经过验证的商业模式。对众多线下门店来说，使用盒马模式，使用配套的 IT 系统，供应链交给盒马鲜生，自己把门店经营好，这是一个很好的价值链分工。而对于盒马鲜生，为众多门店提供数据赋能，不仅提供盒马模式的管理咨询，提供配套的线上与线下一体化 IT 系统服务，还能依托阿里巴巴提供流量导入。盒马鲜生通过大数据，进一步提升数据赋能的优势。

（3）资本化赋能

盒马鲜生与线下门店有两种合作模式，一是轻量级合作，盒马提供供应链赋能、数据赋能，不参与门店经营；二是重量级合作，除了供应链赋能、数据赋能，盒马鲜生还提供资本化赋能，注资参与线下门店的改造与经营。

其实阿里巴巴近几年在资本上陆续渗透传统零售，比如银泰、新华都、百联、三江购物、苏宁、大润发、欧尚等，阿里巴巴已经在布一个大局，未来传统零售有可能会反向入股盒马鲜生，共同打造一个生态平台。

3.关键资源能力

随着盒马鲜生的定位和业务系统的调整，未来盒马鲜生的关键资源能力也将会在以下几方面有重大变化。

（1）供应链管理能力

盒马鲜生整合供应链，成为 S2B 中的 S，即供应链管理能力将是盒马的核心竞争力之一。

（2）新零售平台管理能力

盒马鲜生为线下门店提供数据赋能，核心是新零售平台管理能力，通过规模化复制与精细化运营，为线下门店提供模式、管理等服务。

（3）资本化运作能力

盒马鲜生为线下门店提供资本化赋能，利用资本加速规模化扩张，核心是资本运作能力。

4.盈利模式

随着盒马鲜生定位的变化，盈利模式也会在以下几方面发生重大变化。

（1）收入来源

盒马鲜生从消费者变成了超市，因此盒马鲜生未来的收入来源将是三种：从超市获取商品采购与物流服务收入，从超市获取零售服务收入（咨询、改造服务等），从超市获取投资收入。

（2）成本结构

未来的盒马鲜生可能变成轻资产模式，不用投入很大的门店建设费用。相对应地，未来的盒马鲜生的成本主要在于：

①供应链服务成本；

②IT 服务成本；

③投资。

盒马鲜生的收入来源和成本结构的变化，造成盒马的毛利率大增。随着线下门店的数量增加，将是一个很有想象力的市场空间和盈利预期。

5.现金流结构

未来的盒马鲜生的现金流将比较平均，由于没有实体门店的大额开店支出，日常有持续的超市服务收入，以及相对平稳的管理费用、员工工资、资产折旧等日常支出，总体来说运营费用不高，利润空间可观。

6.企业价值

未来轻资产模式的盒马鲜生，通过对实体商超的入股与改造，打造新零售生态圈，形成 S2B2C 模式，实现指数级增长。

正如阿里巴巴参谋长曾鸣所说，在未来五年，S2B 是最有可能领先的商业模式。未来的新商业结构都是 S2B2C：S（supply chain & service）是供应链运营体系和赋能服务；B（business）是商家负责分销业务；C（customer）是客户。

未来的盒马鲜生是 S，即一个大的供应（链）的平台，大幅度提升供应端效率。盒马鲜生赋能给众多的线下门店，让门店完成针对客户的服务。盒马鲜生和众多门店形成生态共同体，紧密合作，共同服务客户。门店提供差异化产品和个性化的服务，创造更大的价值。阿里巴巴的布局很大，盒马鲜生能否走到这一步，让我们拭目以待！

4.6 商业模式设计

Step1：组建跨领域团队

商业模式虽简单精练，但想设计好一个商业模式却是一件难事。为了提升商业模式设计的科学性，我们需要组建跨领域团队。

跨领域团队主要来源于以下几方面。

行业专家：加深对行业的理解。

政策制定者：提供政策咨询。

客户代表：提出需求。只有那些能够认同公司愿景，并能接受产品缺陷的早期客户，才能参与商业模式设计。

备注：商业模式的模块涉及市场、产品、运营、品牌、财务、技术等多个领域，这就需要企业内部人员、行业专家、政策制定者和客户的合作。行业专家能帮助创业团队加深对行业的理解；政策制定者提供政策咨询，分析企业所依赖的政策，以实现商业模式的可持续性，并确定在何时转型；客户参与商业模式设计，能让商业模式在设计之初便坚持以客户为导向，会减少后期的验证成本。

Step2：环境分析

商业模式也是一个小的企业战略模型。SWOT 分析是将公司的战略与公司内部资源、外部环境有机地结合起来的一种科学的分析方法。

备注：商业模式设计并不是孤立进行的，既要结合自身资源，又要考虑到外部环境。SWOT 作为一个战略分析工具，可以让创业团队了解到内部资源和外部环境，为商业模式设计提供参考。SWOT 工具用于分析企业内部的优势（strengths）与劣势（weakness）以及外部的机会（opportunity）与威胁（threats），从而更好地帮助公司利用优势、避开劣势、发现机会、规避风险，提升竞争力。

Step3：创意风暴

用头脑风暴的方法设计商业模式，可以促进商业模式创新。

商业模式逻辑：商业模式从哪儿开始设计、中间的路径以及到哪儿结束。

典型的商业模式逻辑：客户细分—价值主张—客户关系—渠道通路—收入来源—关键业务—核心资源—重要伙伴—成本结构。

头脑风暴：大胆创意、大胆假设。

备注：现在我们可以开始设计商业模式九个要素的内容以及要素之间的关系了。团队成员可以按一定的逻辑顺序对商业模式进行大胆创意和假设。上面这种商业模式是以客户为导向，通过整合资源，提供产品或服务以满足客户需求的设计逻辑。如果你拥有客户资源，客户细分就可以成为设计起点；如果你拥有技术优势，价值主张就可以成为设计起点；甚至，你的品牌或渠道都有可能成为设计起点，这取决于企业本身所拥有的资源和核心竞争力。然后我们就可以开始进行头脑风暴了。

Step4：创意选择

大胆假设，小心求证，选出其中优秀的商业模式。

评估原则有以下几方面。

（1）客户需求：可以进行路演和客户验证；

（2）价值最大化：企业自身、合作伙伴、客户的利润可以更高；

（3）核心竞争力：商业模式的门槛如何；

（4）可复制性：自己能否复制自己。

备注：经过头脑风暴的大胆创意和假设，相信我们已经创新了很多种商业模式；考虑到外部环境和自身资源，我们还是要聚焦一下，选择出最好的三种商业模式。有几个评估原则可能会帮助到你：第一，客户需求，即客户最能够接受的商业模式；第二，价值最大化，借助商业模式画布，我们可以对利润作简单的评估；第三，核心竞争力，利用 SWOT 工具分析一下商业模式，考量别人能否轻易复制自己；第四，可复制性，商业模式逻辑是否清晰，自己能否复制自己。

Step5：原型制作

商业模式原型制作基本流程，有以下几步。

第一步，准备商业模式画布；

第二步，画出选择好的商业模式，同一种颜色的便利贴表示同一种商业模式，每张便利贴用马克笔写一个内容；

第三步，一边粘贴便利贴，一边读出来；

第四步，团队利用 SWOT 工具，讨论和评估商业模式；

第五步，每个人在自己最喜欢的商业模式画布上贴上笑脸；

第六步，选出笑脸排在前三名的商业模式原型。

备注：在作好各种准备后，就可以动手制作商业模式原型了。它可以用于对利益相关者进行验证（投资商、客户、合作伙伴、内部人员等）。

第 5 章　如何组建创业团队

核心问题：

☐创业团队是什么？

☐创业团队有哪些特征？

☐如何组建创业团队？

5.1 创业团队的定义

一个人若想成功，要么组建一个团队，带领一个团队，要么加入一个团队，成为团队中的一员。在这个瞬息万变的世界里，单打独斗者，路就越走越窄，只有选择志同道合的伙伴，用团队的力量去实现梦想，才能成就自我。

从三国时期桃园三结义到唐僧师徒西天取经，再到当代中国合伙人，讲述了一幕幕创业团队的故事，“创业团队”已经成为当今时代最热的词语之一。

对于创业团队的定义存在很多说法，目前，广泛采用的是利昂·施乔特提出的说法：由两个或两个以上的人组成的，拥有共同的财务和其他方面的义务，在完成共同目标的工作中相互依赖的人们。我们认为创业团队是“一群人，为了一个共同的梦想，一起做一件事，直到想法变成现实”。

创业团队是一群人，面临一个不确定而又充满挑战的目标，一起去做有可能带来巨大回报也可能失败的事情。如同孔子所言，“可与共学，未可与适道；可与适道，未可与立；可与立，未可与权”。意思是“可以一起学习，但未必能走上共同的道路；可能走上共同的道路，但未必能坚持到底；能坚持，但不一定能变通和权衡”。创业团队既有共同的一面，也有互补的一面。团队会根据环境和情境的变化，自动调整和演变，变成一个自适应、自我管理、自我演变的团队。

5.2 创业团队特征

创业团队不同于一般团队，具有特殊的规律：共同愿景、共同目标、共同承担风险、共同享受回报，思维互补、技能互补、资源互补、性格互补。

1.共同性

（1）共同愿景

共同愿景是指共同的方向，也往往是创业的初衷。通过自我提问，你可以判别你的方向：你为什么要创业？你要去哪儿？你要为哪些人创造价值？为他们创造什么价值？你如何做才能遵从你的感受？你想到哪些事才会心情澎湃？等等。Wahanda 的联合创始人 Lopo Champalimaud 说："当我们的公司刚刚成立的时候，我们的目标是成为美发和美容行业的 OpenTable（美国目前知名的网上订餐平台），打造一个美发和美容的集散平台，让用户可以在这里挑选发廊并且进行预约。2010 年'团购'突然兴起了，这个全新的消费方式严重地冲击了我们的业务，于是我们不得不改变最初的想法。我们在英国推出了专注于美妆行业的团购平台，平台迅速成长，后来成为吸引了大量消费者和美妆产品提供商的 Wahanda。"创业公司转型三要素：清晰的愿景、相信直觉、作出艰难决定。一个创业团队的持久性在于这个团队的成员要么都曾经思考过相同的方向，要么受创始人的影响走到共同的方向。很多时候，创业团队会失去方向，原因是创始人迷失了方向，在前进的路途中，接受了太多的干扰和迷惑，忘记了自己的初衷；或者，创始人很清楚自己的方向，却没有向团队成员清楚地阐述方向，是否能够一句话阐述清楚方向，是检验方向是否清晰的很重要的标准。

（2）共同目标

马云说，不能统一人的思想，但可以统一人的目标。千万不要相信你能统一人的思想，那是不可能的。30%的人永远不可能相信你，不要让你的同事为你干活，而让他们为我们的共同目标干活，团结在一个共同的目标下，要比团结在一个人周围容易得多。思想代表着我们对世界的看法和观点，一定是多元化的，只有多元化的思想才有可能创新；而目标在组织层面，往往是统一和明确的，为目标而努力，才能达到明确的结果和产出。如果说思想代表感性的一面，那么目标代表理性的一面，在丰富的思想交流和碰撞下，我们需要统一在理性的目标下行动，唯有如此，一个组织才能持续。

（3）共同承担风险

创业团队面向未来，去探索一个不确定的目标，有可能成功，也有可能失败，需要每个人都承担风险，是否能够共同承担风险，是检验创业团队成员团结程度的有效方法。创业者可以有意识地设计一些风险情景，评估成员的风险承受能力。例如，你有可能牺牲你的闲暇时间，在很长的时间内为目标而孤独奋斗；你有可能牺牲陪伴家人的时间，失去很多天伦之乐；你有可能失去很多朋友和同事，因为你们没有共同语言；你可能牺牲你的名誉和职位，因为你要在未来和现在之间作出取舍；你有可能牺牲健康，因为你大部分时间都在工作。唯有共同承担风险，才能共同走向未来。

（4）共同享受回报

因为共同承担了风险，所以才有机会共同享受回报。这些回报是多元化的，既有物质的回报，包括更高的薪水、期权、股份等；也有精神层面的，一起去探索未知，一起成长，一起让自己变得更有价值。这些回报尤其是物质回报也许需要很长的时间，但更重要的是，大家在创造的过程中，学会了忍受孤独，学会了宽容和改变，学会了坚持，学会了在快速行动中去学习，学会了积极主动等。这些收获不是每个人都有机会获得的，而这些收获给个人带来的自我价值的提升，无论在哪个平台上，都会给你带来超过你预期的回报。

2.互补性

（1）思维互补

思维是指看问题的角度，不同的思维方式会将不同的思想交融，才会有创造性的解决方案；不同思维方式的组合也有利于系统地看问题，而不会陷入片面和单一的视角。不同思维方式来源于不同的年龄、学习经历、工作经验、生长环境，这些思维方式的差异化对于理解个性化的客户都具有重要意义。未来的客户和用户越来越趋向于个性化的需求，对产品、服务、接受服务的方式、客户关系、公司品牌都有个性化的要求，这要求创业团队必须具备不同的思维模式。

（2）技能互补

所有的思维和想法都要通过行动落实下来，就如同所有精神层面的构思都需要通过物质层面的行为落实下来一样，技能是将想法变成现实的关键支撑。技术是将精神转化为物质的重要载体。技能代表着某个人在某个领域深度的积累，是一种经验，也是一种职业态度。如果说思维代表着看问题的格局，技能则是落实格局的细节，格局和细节同等重要。技能还是检验设计想法的重要工具。创业团队需要不同技能的人，用户体验、产品设计、原型制作、市场测试、商业模式设计、品牌设计等。技能有共性的一面，例如设计，设计一个组织、系统、产品、服务、流程等，人人都需要了解设计；技能又有个性的一面，一个设计的想法落地，需要体验、沟通、创新、原型制作、测试、呈现等，都需要不同的技能。

《西游记》师徒四人中唐僧是典型的团队创始人，目标坚定，会诵经礼佛，会念紧箍咒。孙悟空非常能干，火眼金睛，降妖伏魔。猪八戒能活跃气氛，是个活宝。沙僧任劳任怨。他们师徒四人在技能上互补。

（3）资源互补

对于创业者而言，永远面临着资源稀缺，需要创业团队创造性地整合资源，将想法变成现实。资源整合首先从自己所拥有的资源开始，所以团队成员所拥有的资源也是其存在的理由。资源并不属于某一个人，而是流向价值创造最大的地方，根据六度分离理论，每个人最快通过 5 个人，就可以找到你想找的人，所以创业团队中的所有人都可以整合自己身边的资源，为团队作贡献。

《西游记》中唐僧是金蝉子转世，有观音菩萨和东土大唐的支持。孙悟空认识各路神仙，人际关系广泛，资源丰富。猪八戒原是天蓬元帅，掌管天河水军，有官有职。沙僧原是玉皇大帝的卷帘大将。他们师徒四人在资源上互补。

（4）性格互补

一群人，一起做一件不确定的事情，是一个漫长而艰辛的过程，“创业如同左手温暖右手”（马云），需要不同性格的人加入创业团队。牛根生让俞敏洪和马云在《西游记》的唐僧四师徒中挑出最适合创业的两个人。俞敏洪选择沙僧和孙悟空，马云选择了沙僧和猪八戒。马云说：“最适合做领袖的当然是唐僧，但创业是孤独寂寞的，要不断温暖自己，像左手温暖右手，还要一路幽默，给自己和团队打气，因此我很希望在创业过程中有猪八戒这样的伙伴。当然，猪八戒做领导是很欠缺的，但大部分的创业团队都需要猪八戒这样的人。”俞敏洪说：“猪八戒更适合做一个成员，他是很轻松，但也不坚定，需要领袖带着才能往前走。猪八戒既然没有信念，哪儿好就会去哪儿，哪儿有好吃的就往哪儿去，很容易在创业过程中发生偏移，有钱会，没钱也会。但孙悟空就有信念，知道取经就是使命，不管受多少委屈都要坚持下去；也很忠诚，不管唐僧怎么折磨他他都会帮助唐僧一路走下去；还有头脑，在许多艰难中会不断想办法解决；有眼光，能看到别人看不到的机会和磨难。”大部分的创业团队可能都有类似猪八戒这种性格的人，看似他们的存在好像没有价值，但是他们却在默默营造创业团队所需要的氛围，创业不仅仅是一份工作，也是一种生活方式，很多创业者都是因为过分关注工作和事业，而忽略了生活。创业是一个慢慢将想法变成现实的过程，需要不同性格的人，将生活的不同层面带入创业过程，创业才能更加持续和长久。

总之，创业团队就是一群志同道合的人，为了一个不确定的未来，一起去做有可能失败但却有价值的事情而组建的群体。

案例：电影《中国合伙人》

电影《中国合伙人》中的三位主角，代表了不同的创业伙伴类型，体现了创业团队的特性。

成东青是当之无愧的老大，虽然他是“海龟”眼中的“土鳖”。做企业老大最重要的是隐忍、坚强、担当，对于企业操盘节奏和火候的把控。成东青完全具备这些特质。他静候最佳的上市时机，对于股权计划胸有成竹后再抛出，面对指责时冲锋在前顶住巨大压力据理力争。他是企业的创始人又是掌舵人，更是企业的精神领袖。他有着奉献与牺牲精神，有良好的大局观，宠辱不惊，韧性十足，当断则断，不动摇。按性格学说来分析，他是属于典型的完美型性格的人，如同《西游记》中的唐僧。

孟晓俊是 CEO 的最佳人选。他的执行力很强，高度也够，有足够的爆发力。在企业里，是属于能领会公司的战略意图并带领团队实现的人，是开疆拓土、冲锋陷阵的将才。按性格学说来分析，是属于力量型性格的人。他的不足在于自制力与格局修为还有所欠缺。力量型性格的人有一个长处是在关键问题上把控得好，如同他在成东青最需要他的时候重返企业，陪成东青和王阳去美国打官司一样。《西游记》中的孙悟空，哪怕回到花果山，只要师父有难，也一定会去救助。

王阳在企业中的职能是类似于创意总监或技术总监，是技术型的人才。此外他还是企业的润滑剂，调和矛盾，在大家吵得不可开交时劝架。是他把孟晓俊重新拉回了团队。同时他也是三人中最懂得生活的人。

这三个人技能互补、性格互补、有共同的愿景，愿意价值分享，是创业团队的典型代表。

5.3 创业团队组建

1.硅谷三人组合模式

英特尔的辉煌创业史中，诺伊斯、摩尔和格鲁夫三人团队精诚合作的故事最为人传颂，三者各有千秋，都名垂青史。担任管理角色之后的安迪·格鲁夫尤其喜欢德鲁克的书，他认为《管理的实践》是德鲁克“最好的书，我最喜欢的书”，因为书中描述了一位“理想的董事长”，这个人实际上是三人合一：一个善于对外交往的人，一个善于思考的人，一个善于行动的人。他把书的这一章复印了两份，一份给摩尔，一份给诺伊斯，因为他觉得这是对他们三人组合十分贴切的描述。诺伊斯是善于对外交往的人，摩尔是善于思考的人，格鲁夫则是善于行动的人。不过，当诺伊斯和摩尔渐渐淡出公司时，格鲁夫又不得不把三者角色综合为一体。三人组合的模式，一个定格公司文化，一个引领技术，一个负责执行。一个典型的创业团队应包括精神领袖、技术领袖和管理领袖。

（1）精神领袖

精神领袖往往是公司的创始人，也称创业领袖，其作用如下：第一，定格公司文化。一个公司的文化往往就是创始人的文化。创始人会把他的信念、价值观、习惯等，通过公开场合去表达和传播。第二，定位公司战略。战略代表着创业者对环境的敏感和对未来的预判，战略代表着一个企业前进的方向，战略代表着企业不做什么与聚焦什么，战略还代表着企业要为哪些人，创造什么价值。第三，产品设计。创始人往往都是早期的产品设计者，正是因为其自身的经历，让他发现了问题，并发现了机会。第一个用户往往就是创业者自己，在创业期，没有人能替代创始人的探索。第四，品牌传播者。创始人本身就是企业最大的品牌传播者，因为在创业初期，主要是创始人与用户、伙伴、投资人、政府等部门接触。

（2）技术领袖

只有成为技术领袖，才能将大家团结在你身边，并且给大家信心，让他们相信跟着你不会走歪，也不会做无用功，最终一定能把事做成。另外，身为技术领袖还需要具备一定的前瞻性，能预见后期可能会遇到的坑或问题，并帮助大家避开，给大家可靠感。因此，要成为技术领袖，对技术的敏感度以及实际解决问题等能力，都是不可或缺的。

（3）管理领袖

一个创业团队，精神领袖是必需的，技术领袖也需要，执行、管理也必须有一等一的高手。谷歌两小子联合施密特壮大谷歌，苹果公司第三人斯卡利，雅虎第三人库克，微软第三人鲍尔默等案例，都是三人组合模式的体现。管理领袖应具备：第一，计划能力，能合理地安排时间、人力和资源；第二，执行能力，创造性解决问题和达成目标的能力；第三，细节能力，能够掌握事物发展的各种细节，并对风险进行评估与管理的能力。

2.思考与结论

硅谷的三人组合模式还有很多案例，创业团队没有固定的模式，通过对一些经典创业团队模式的归纳，我们可以得出一些规律性的东西。第一，关于角色。精神领袖、技术领袖和管理领袖。所有事物的成功都要经历过两次创造，首先是构思，构思代表着方向和战略，是精神领袖的任务；其次是行动，行动代表着管理与执行，是执行领袖的任务；在构思和行动之间，需要技术的支持，技术是把精神世界转化成物质世界的载体，是技术领袖的任务。第二，关于数量。可以借鉴管理公司对董事会成员数量的要求。数量不宜过多，过多本身就是一种管理的内耗，沟通和协调本身就是一种成本，在面临不确定性目标时，往往是少数人的意见是正确的，因为领袖能看到大多数人都看不到的方向和计划。三、五、七等奇数是不错的选择，奇数更有利于表决。三可能是一个更加稳定的数字，“道生一，一生二，二生三，三生万物”。三是世界演绎到最后最稳定的存在形式，也是世界万物开始生长的起点。第三，关于分工。有时候一个人可能扮演不同的角色，例如很多精神领袖也是执行领袖，很多技术领袖也可能扮演精神领袖的角色，但是一个人终究不能代表一个团队，不同人员还是思维方式、性格、资源的互补，甚至很多时候是精神领袖思想的验证对象和完善对象。

3.一个新的创业角色——创业经理人

创业与管理本来是不可分开的，创业意味着探索不确定性的目标，而管理意味着执行明确的目标，在创业过程即从 0 到 1 的过程，会同时伴随着验证和管理，所以要求创始人应具备两种能力：探索能力与管理能力，我们给他赋予一个新的角色——创业经理人。

（1）创业与管理的融合

创业是指从无到有的创造过程，是挖掘问题、给出解决方案并验证解决方案的过程；管理是小到大，优化事物的过程，是计划、执行与控制，是给出一个可以复制的、标准化的解决方案。

（2）格局与细节的融合

格局大的人一般不重视细节，关注细节的人格局又不够。创业领袖往往关注格局，而管理和执行者往往关注细节，而创业经理人需要在格局和细节之间取得平衡，通过细节验证格局，在格局中完善细节。

（3）战略与执行的融合

创业过程就是确定方向的过程，而管理是寻找、到达的过程，但是两者并不能分离。方向需要若干路径来验证，如果所有的路径都无法达到，说明方向有问题，需要调整；反过来，路径的选择需要准确地理解方向，才能找到更有效的路径。

4.创业团队角色构成

创业团队由各方面互补的人员构成，创业者之所以寻找创业团队就是为了弥补创业目标与自身能力的差距。当团队成员之间，知识、经验、技能、性格、兴趣等方面互补的时候，就会出现 1+1>2 的效应。在创业初期，技能互补仍然是第一标准。

以技能为标准，创业团队成员一般可以划分为五种角色。

（1）创业领袖

带领团队成员将想法变成现实的人，指引方向、统一目标、确定关键决策、激励团队等是创业领袖的主要职责。

在创业基础课程活动中主要负责“组建创业团队”。

（2）产品经理

设计产品是产品经理的首要职责。洞悉用户、发现问题、定义需求、提出解决方案、设计概念产品、验证产品并完善产品，直到产品上线运营。

在创业基础课程活动中主要负责“问题探索”与“创意解决方案”。

（3）技术总监

负责产品开发所需要的技术，包括硬件、软件以及服务等相关技术，以保证产品实现。

在创业基础课程活动中主要负责“概念产品制作”。

（4）营销总监

把客户吸引过来，让客户了解产品；制定合适的价格，把产品销售给顾客；通过合适的渠道把产品送给顾客。

在创业基础课程活动中主要负责“市场测试”。

（5）运营总监

主要负责与产品生产和服务创造密切相关的各项管理工作。

在创业基础课程活动中主要负责“商业计划”。

在了解清楚创业团队由哪些角色构成后，你们最想知道的事情恐怕就是自己适合扮演什么角色吧。

动物和人类有天然的关联性，我们列举了五种动物，并分析了动物性格和职业角色的关联性，评估一下自己吧！

● 狮子——创业领袖

以业务为重，雄心勃勃；

他们拒绝让主观情绪影响自己的决策过程，可能被认为是铁石心肠和缺乏激情，但这些“冷酷”的人们往往卓有成效，成功而强大；

积极、勇敢、挑战、专注。

● 海豚——产品经理

极具创造力和感染力，有无限的能量；

希望学习新事物和结识新朋友；

他们能给身边的人带来快乐并敏锐地意识到他们的需求；

会用各种创意动作去讨好别人；

热情、分享、创造。

● 猫——技术总监

天生安静，擅长分析，往往对工程技术情有独钟，喜欢搞清楚事情的来龙去脉；

常规俗套很快让他们不胜其烦；

他们的座右铭是“别理我”，对桎梏戒律不屑一顾；

安静、分析、敏捷、主见。

● 八爪鱼——营销总监

引人注目、充满魅力和影响力；

知道如何适应环境，影响他人；

他们善于整合资源，能够和不同的人交流并成为好朋友；

友善、弹性、整合。

● 蚂蚁——运营总监

天生的建筑师，通过分工与合作，能造出人类最美的建筑奇观；

未雨绸缪，提前预判，为未来作准备；

顽强奋斗，坚持不懈地迈向它所憧憬的美好未来；

远见、坚持、创造。

5.创业团队组建

（1）确定方向

先要确定创业的方向即战略，战略方向的确定并不是瞬间的一个决定，是一个需要通过验证和探索的过程，创始人将承担探索的核心任务。在没有清晰创业战略之前，不要大范围组建创业团队。战略和人力资源是相匹配的，战略的制定需要以核心创业团队人员为基础；反之，战略的实现又要依靠创业团队成员。在方向没有确定之前，大范围招聘创业团队成员，可能会起到反作用，一旦战略调整，会对人力资源产生重大影响，不仅仅是大大增加了成本，还会影响团队的信心。

（2）定位目标

目标是指到达方向的路径，在尝试很多路径后，需要聚焦到一个更有效的路径上。创业是从无到有的过程，核心是探索一个可以复制的商业模式，商业模式与人力资源也是相匹配的，商业模式在前，人力资源在后。需要我们对商业模式的各个要素：客户、产品、渠道、资源、合作伙伴、收入模式等各个方面进行有效的探索，确定后再开始团队人员招募工作。

（3）确定标准

在方向和商业模式清晰的情况下，我们开始组建创业团队，通常有三个标准：第一，愿意做什么。愿意做什么是招聘对象的态度和意愿，是他们自己的选择。第二，适合做什么。适合做什么是指招聘对象的性格特征，例如精神领袖一般都具备好奇心、喜欢挑战、勇敢、坚持等特质，而管理领袖会关注细节、过程、程序等，技术领袖则相对安静、个性、喜欢分析、敏捷等。第三，能够做什么。是指招聘对象应具备的能力特征，精神领袖需要战略设计和分析能力；管理领袖需要计划、执行、协调与管控的能力；技术领袖需要技术逻辑、架构、项目管理的能力。

不同的战略，不同的目标，在选择创业团队时标准会有些不一样，对于传统的业务，能力可能是排在第一位的；对于一个全新的方向，可能更需要考虑个人的意愿和态度，因为过去的经验很难起作用，需要创业团队愿意去探索和学习。

（4）团队融合

任何团队都总是要经历磨合的过程。通过一份简历、一次面对面的交流或内部人员的举荐，都无法很真实和完整地了解一个人。团队融合是指个人与团队的相互匹配过程，包括：第一，他的真实状态是否和招聘时呈现的状态一致；第二，他是否能融入团队的文化；第三，他的意愿、能力和战略是否相匹配。一个非常有效的做法是给一个试用期，然后创造一次检验个人和团队融合的机会，例如设计一个项目，大家一起来工作，这样所有人都参与这个项目，大家都可以在行动中去全方位评估一个人，实践是检验个人的最好标准。经过团队融合之后，我们就可以评估他是不是我们需要的人，因为创业团队成员不同于一般团队成员，他们都是创业初期的核心人员，直接关系到创业的未来。

5.4 创业团队管理

创业团队管理不同于一般团队管理，对于一般团队而言，需要在规定的时间内，完成既定的目标；对于创业团队而言，需要在有效的时间，验证不确定的目标。一般团队管理的经验不能完全复制到创业团队管理，创业团队管理具有不同的规律和法则。

1.弹性

互联网背景下，创业团队成员在不同空间、不同时间、以不同方式进行合作成为可能。第一，弹性的工作方式可以保持团队的灵活性，降低创业风险；第二，弹性管理代表着一种包容的文化，让那些受时空限制的合适的人进入创业团队成为可能；第三，弹性的工作方式，可以让创业团队成员在不同的环境中学习和成长，不仅能提升个人能力，为团队作出更大贡献，还能够为团队整合更广阔的资源。在弹性管理理念下，考核就变得更加重要，以目标为导向，要让团队成员很清晰地了解目标，以及完成目标的关键时间节点、考核的成果物以及对应的奖罚措施。

2.非权威

非权威是指创业领袖需要靠品格、行动、知识和技能去影响团队成员；而不是靠权力和制度去约束团队成员。创业团队面临的是不确定的未来，一切都是在验证和探索，无法用标准的制度去约束。因为创业是探索和创造，大家都需要自由的探索空间，才能有更大的创造力，用非权威代替权威，会更好地激发团队创造力；创业团队每个人可能都是行业或领域的专家，用创业领袖的个人影响力，可能会更好地影响他们，靠常规的制度和约束，可能很难管理他们。

3.跨领域协作

在创业初期，并没有明确的部门与分工，很多时候是就某一个具体的目标、活动与项目展开，大家需要跨领域来合作。第一，严格的分工会导致团队成员过多地思考部门目标，会忽略组织的目标，长时间的分工可能会让团队成员失去组织的方向。而在创业初期，战略和方向还不是很清晰的情况下，分工会导致大家迷失方向，失去信心。第二，创业是一个艰辛的过程，分工会导致大家丧失很多交流的机会，在未来不清晰的情况下，交流和沟通非常重要。第三，创业者都面临资源的稀缺性，以团队方式开展工作，可以更好地发挥团队资源互补性和思想共创。

4.利益分享机制

为愿景而奋斗是高尚的，没有利益回报是难以持续的，利益分享没有通用的模式，需要遵守一些基本法则。

第一，在现在和未来之间取得平衡。

在公司初创期至少拿出一部分股份（20%—30%）做一个股票池，用于给未来的团队成员。创业团队会一直在调整和变化，在往前走的过程中一定会有人掉队，一定会有新人进来。只要方向不变、理念不变，你会凝聚更多的人加入创业团队，销售专家、财务专家、产品专家、技术专家等，只要梦想足够大，你能够不断把更有才华的人吸纳进你的团队中来。你需要为未来这些优秀的人预留出空间。

第二，集权和分权的平衡。

公司的创业领袖要有勇气去要更多的股权，在被确认为领导者之后，在股份的划分上要有侧重，他的股份要比别人多一些。硅谷很多公司都是这样。苹果最早是两个创始人，沃兹尼亚克和乔布斯。沃兹尼亚克是一个技术大牛，但乔布斯说我就是比你能干，我的股权就要比你多。从我们中国人的角度来看，我们会觉得乔布斯是欺负沃兹尼亚克这个老实人。还有，当年一起做微软的是比尔·盖茨和保罗·艾伦。比尔·盖茨告诉保罗·艾伦："我在这个企业作的贡献一定比你大，所以我的股份是你的两倍。"保罗·艾伦也同意了。事实证明，最后苹果和微软能做大，真正靠的是乔布斯和比尔·盖茨。按照我们中国人的性格特点，每个人都在乎利益，但是大家又羞于言利。虽然不好意思说，但脑子里会想，于是心理就会越来越不平衡。很多创始团队，大家都不好意思说出来，但每个人心里都想。如果是五个好兄弟的话，股份就平分，每个人20%。看起来好像很公平，但因为每个人的能力不同，其实并不公平。这种平分股份的方法从一开始就种下了分歧的种子。有能力的人会想：我比他们都能干，但为什么股份和大家一样？没能力的人可能会想：我可以混日子，吃这份股权。如果处理不好，这种矛盾就会爆发出来，会导致公司崩盘。所以，给领袖相对多的股份，刚开始的时候可能会被别人误以为"自私，不仗义"，但从长远来看，对公司是有极大好处的。

第三，财务和非财务的平衡。

每个人加入创业团队的动机和诉求不一样，有财务的诉求，也有非财务的诉求，利益分配的核心是要激励团队成员作出更大的贡献。赫茨伯格的双因素理论认为：使职工感到满意的都是属于工作本身或工作内容方面的，是激励因素；使职工感到不满的，都是属于工作环境或工作关系方面的，是保健因素。

他认为满意和不满意并非共存于单一的连续体中，而是截然分开的，这种双重的连续体意味着一个人可以同时感到满意和不满意，它还暗示着工作条件和薪金等保健因素并不能影响人们对工作的满意程度，而只能影响对工作的不满意的程度。在某种程度上，利益分享机制考虑更多的是外部环境，属于保健因素，本身并不能激发工作的满意度，所以不能过多地考虑用利益分享机制去激励工作本身，很多人是需要在创业过程中找到存在感与价值感，这才是吸引核心团队的关键因素，保健因素的替代性比较高，给一个更好的利益机制就有可能挖走一个团队成员。利益分享机制更多的是财务回报，我们需要同时考虑非财务方面的激励因素，让工作内容本身去激励团队成员。

第四，局部与整体生态链的平衡。

创业是一个长跑过程，是一群人一起努力把想法变成现实的过程。未来的创业不是一个人的创业，而是一个生态链的创业，生态链上的每一个伙伴的积极性都可能会影响到整个创业链条，要考虑把一部分股份留给未来生态链上的伙伴，把投资人、创业者、员工、供应商、渠道商、生产商从理念到行动统一起来，这样团队才是最有机会的团队。创业者要把蛋糕做大，为更多的人创造价值，在创业成长过程中，需要吸收不同的人：需要投资人的资金和资源支持，需要创业者艰苦地付出，需要团队人员坚定的信念，需要伙伴一起去努力。所以利益分享机制既要考虑内部团队，又要考虑外部生态链伙伴。

案例：从足球比赛看创业团队的管理

我们先看一下足球团队中的角色构成：

1.教练

足球比赛中，每一组比赛团队一定少不了教练这个角色，而教练就像是一个企业的 CEO，懂得如何用人，如何组织团队，如何排兵布阵，如何安排上场比赛的阵容，决定谁上场，谁暂时表现不佳，一旦团队中出现了表现不佳的状况，教练就会及时喊停，然后告诉团队应该注意什么，团队中哪里表现不好了，应该在接下来的比赛中注意什么。足球比赛的团队好比一个企业的团队，有组织文化与组织管理，需要讲究战术。教练在战略上，需要有大局观与决策观，以及优秀的管理领导能力。

2.球员

球员好比企业组织团队中的员工，每一个球员在比赛场上有自己的位置，谁是守门，谁是前锋，谁是后场，谁是中场，每一位球员都有自己的位置，守门员的职责就是尽可能接到每一个踢向自己球门的球，前锋的职责就是尽可能把球送到对方队的大门里。这个非常像一个企业中的员工，在一个企业组织中，每一位员工都有自己的位置，谁是生产运营部门的一线员工，谁是生产部门的中层领导，谁是销售部门的普通员工，谁是销售中层，谁是行政部门的，谁是财会部门的出纳与会计，谁是人力资源部门的专员，谁是主管，谁是经理与董事长。在企业组织中，每一位员工都有自己的具体岗位，负责好本职岗位的职责职能，是每一位员工最应当清楚与做到的。

3.成员间的配合

组织最基本的凝聚力在于成员间的配合，如果没有成员间的团结与协作，那么，整个团队就会像是一盘散沙。互相鼓励与互相协作是非常重要的，在一个团队中，无论是比赛团队还是企业团队，成员之间的不配合与不合作，将会对组织建设与管理产生负面影响。

我们再看一下团队管理。

无疑，教练更多的是靠自身的技能和人格魅力去影响团队，而非权力。

球队成员有共同的目标，那就是赢得比赛。球场上面对不确定的情况，球队成员之间保持默契，相互合作，保持沟通。比赛的胜利是每一个球员积极付出的结果，因此，必须有一套透明的绩效考核机制和利益分享机制。

第 6 章　典型工具

核心问题：

□六顶思考帽是什么？

□头脑风暴是什么？

6.1 六顶思考帽

无论是在日常交流还是团队会议中，你是否经常为大家的思维不在一个频道上而抓狂？是否团队讨论得热火朝天，你却在一次次方案的否定中得不到想要的结果？

现在，你拥有了一个简单且实用的平行思考决策工具。你和你的团队可以立即使用，它快速、智慧并且高效。它就是六顶思考帽。

1996 年，欧洲最大的牛肉生产公司 ABM 公司由于疯牛病引起的恐慌一夜之间丧失了 80%的收入。借助六顶思考帽，12 个人用 60 分钟想出了 30 个降低成本的方法和 35 个营销创意，将它们用黄色帽子和黑色帽子归类，筛选掉无用的后还剩下 25 个创意。靠着这 25 个创意，ABM 公司度过 6 个星期没有收入的艰苦卓绝的日子。

全球最大的保险公司 Prudential 长期运用六顶思考帽，其总部的地毯就是用彩色的六顶思考帽图案编织而成。Prudential 保险公司运用六顶思考帽的思维方法把传统的人寿保险投保人死亡后支付保险金改革为投保人被确诊为绝症时即可拿到保险金。这种方法目前已经被许多国家的保险公司效仿，被认为是人寿保险业 120 年来最重要的发明。

六顶思考帽还曾经拯救了奥运会的命运，1984 年洛杉矶奥运会的主办者就是运用了六顶思考帽的创新思维，使奥运会变成了今天争相举办的赛事，并且获得了 1.5 亿美元的盈利。2002 年 5 月，爱德华·德·博诺曾应邀来华为北京奥运组委会官员做六顶思考帽培训，当时中国媒体曾为六顶思考帽的神奇惊呼，并尊爱德华·德·博诺为“创新思维之父”。

挪威的著名石油集团 Statoil，曾经遇到一个石油装配问题，每天都要耗费 10 万美元，引进六顶思考帽以后，这个问题在 12 分钟内就得到了解决，每天 10 万美元的耗费降低为零。

摩根大通用六顶思考帽思维方式减少了 80%的会议时间，并且改变了整个欧洲的企业文化。

西门子公司使用德·博诺的思维方式后，产品开发时间减少了 30%。

波音公司将六顶思考帽引入罢工谈判，成功避免了两次工人罢工，第三次罢工谈判中，工会对公司管理层讲，除非用六顶思考帽，否则不愿谈判。

芬兰最大的跨国集团 ABB 讨论一个国际项目往往需要花费 30 天，但运用六顶思考帽之后，讨论的时间缩短到 2 天，大大提高了讨论的效率。

先让我们来看看什么是六顶思考帽。

爱德华·德·博诺博士把人的思考过程分为六个不同的方向，每个方向对应一种颜色的思考帽，只要我们一起假想自己戴上某个帽子，就可以轻而易举地转变思考方向，让讨论处在同一频道。

我们先来认识一下这六顶帽子，它们分别是白色、红色、黄色、黑色、绿色和蓝色。不同颜色分别代表哪种思考模式？

白色包容一切，中立而客观，戴上白色思考帽，只谈论客观发生的事实和数据。

例如：

今天气温是零下 4 摄氏度；

美国的犯罪率为 10%；

房地产的消费指数下降 15%；

公司的流动率为 20%。

这些都是对具体现象的客观描述，注重事实和依据。

红色是情感的色彩。戴上红色思考帽，我们可以尽情表达自己的情绪、直觉、感受、预感。爱或不爱，大声说出来。

例如：

我不喜欢这个计划；

这个做法行不通；

我不喜欢你说话的方式；

我的直觉告诉我，工资很快就要涨了。

黄色代表希望和肯定，戴上黄色思考帽，每个人都会从正面考虑问题，表达乐观的、建设性的观点。

例如：

为什么可以做这件事？

优点是什么？

这样做会带来哪些正面的影响？

黑色代表否定，戴上黑色思考帽，我们可以质疑和否定那些问题，合乎逻辑地进行批判，找出逻辑上的错误。

例如：

它会起作用吗？

它的缺点是什么？

这样做存在哪些危险？

绿色象征勃勃生机，戴上绿色思考帽，我们提出的意见要富有创造力和想象力，提倡创造性思考和头脑风暴。

例如：

新的想法、建议和假设是什么？

我们还有其他方法做这件事吗？

蓝色是理性的色彩。一般由会议主持人戴着，什么时间该戴什么帽子，就靠蓝色思考帽规划和管理，也用于给集体思考作出结论。

例如：

我们的议程是怎么样的？

我们下一步该采用哪顶帽子？

我们怎么总结现有结论？

如何使用六顶思考帽？

如果是解决普通问题可以试试：

（1）陈述问题（白帽）；

（2）提出解决问题的方案（绿帽）；

（3）评估该方案的优点（黄帽）；

（4）列举该方案的缺点（黑帽）；

（5）对该方案进行直觉判断（红帽）；

（6）总结陈述，作出决策（蓝帽）。

如果最近团队为某件事已经争论了好久可以试试：

（1）发泄一下情绪和感觉，每人 30 秒（红帽）；

（2）把事实和数据表达出来 （白帽）；

（3）讨论问题的优点（黄帽）；

（4）进行反向思维，谈问题和风险（黑帽）；

（5）基于上面的事实和分析之后，大家共同讨论解决方案（绿帽）；

（6）总结归纳，大家共同通过 （蓝帽）；

（7）最后可以再用红帽子发表对于结果的感觉和看法（红帽）。

结论：不同目的，我们可以设计不同思考顺序以得出结果。

在使用六顶思考帽时要注意：

“让我们花四分钟时间用绿帽来考虑问题吧。”

——把控帽子的使用顺序

“那是你对这件事情的看法。现在你脱下红帽，戴上绿帽。”

——主持人要保证大家都在一个思维层面上

“小 A 先发表看法，然后再到小 B，每个人都发表一下意见，然后大家再单独发言。”

——发言最好要有序进行

结论：使用六顶思考帽时要保证会议氛围活泼有序。

思考帽实用语录：

（1）人们天生的黑帽思维方式正是团队执行力不良的主要原因之一；

（2）人不能同时戴两顶帽子；

（3）不管现在想法如何，戴上帽子，就必须按帽子颜色讲话；

（4）六顶思考帽没有随意的争论；

（5）不妨在日常沟通时也给自己戴上帽子，让自己头脑清晰、思路敏捷。

6.2 头脑风暴

有没有一种方法，能够让我们得出很多新点子和解决方案？老是说创新，可创新真的好难啊。最近灵感枯竭了怎么办？想来想去问题都没有一个解决办法。

为什么不试一试神奇的头脑风暴？

头脑风暴是一种创造性的思维工具。俗话说“三个臭皮匠，顶个诸葛亮”，不过要把三个皮匠的智慧集合起来可是一个技术活。

我们现在就来学学怎么组织一次头脑风暴吧。

为了让大家敞开心扉畅所欲言，以下这些规则是必须遵守的。

1.主张平等、自由畅谈

无论专家还是外行，一律平等；

从多个角度和视角考虑问题；

越疯狂的想法对团队其他成员越有启发。

2.延迟评判、禁止批评

“这根本行不通。”

“你这想法太陈旧了。”

“这是不可能的。”

“这不符合某某定律。”

“我提一个不成熟的看法。”

“我有一个不一定行得通的想法。”

头脑风暴中绝对禁止批评，一切评论和判断都会影响积极性。

3.独立思考、改善设想

不允许私下交谈，以免干扰别人的思维；

鼓励从别人的设想中得到启示；

利用、改善、综合他人的设想。

4.目标集中、追求数量

每次讨论只围绕一个目标；

愚者千虑必有一得。

5.可视化

贴便签、画思维导图、写黑板字，随时了解讨论进展，增强参与感，更好地利用他人想法。

规则了解完了，该怎么进行一场头脑风暴呢？

1.确定议题——好的问题是头脑风暴成功的一半

“什么同学喜欢该App？”

“怎么找到他/她？”

“可以在学校的什么地方推广该App？”

具体的议题能使与会者较快产生设想。

“怎么在学校推广某App？”

抽象和宏观的议题引发设想的时间较长，但设想的创造性也可能较强。

2.确定头脑风暴种类

默写式头脑风暴、卡片式头脑风暴、戈登法、德尔菲法，选择合适的头脑风暴方法会有更出色的表现。

3.会前准备

会前准备的目的是营造活跃的、创造性的气氛。

现场布置（圆桌更能激发创造力）；

人员选定（8—12人最好）；

明确分工（主持人、记录员）；

规定纪律（给大家讲述一下头脑风暴规则）；

把握时间（会议时间最好安排在30—45分钟之间）；

会前热身（做个小游戏让大家思维活跃起来）。

无准备，不风暴。糟糕的风暴会对所有参与者都是一种灾难。

4.会中把控

每个人在小纸条上写出自己的想法；

然后进行分享，鼓励思维碰撞和利用他人的想法；

把想法进行分类，找出相同的想法；

整理想法，得出初步解决方案；

当灵感枯竭时稍作休息，然后进行下一轮。

这就是进行头脑风暴的一般流程。

头脑风暴对主持人要求很高，要点得起火，还控得住火势。主持人应是一名中立的引导者而不是占有者。

5.会后整理

快速地分析一下得到的这些想法，评出有见地的想法、有趣的想法或反对意见。

感谢每个人对头脑风暴作出的贡献作为收场。

会议结束后，可整理出设想，留待下次应用六顶思考帽进行讨论。

头脑风暴实用语录：

（1）“头脑风暴”的重点不在“头脑”而在“风暴”。

（2）对领导说拜拜，人会自然地对领导产生恐惧而拒绝分享，一名的独立主持人更能保证创造力。

（3）不要担心冲突，主动制造冲突。

（4）心里产生的第一个点子不见得是最好的，但过段时间与新的元素联结后或许能成为绝佳的点子。

（5）引入一些其他领域甚至与讨论的话题无关的旁观者，同一个部门只能产生一种思考。

案例：直升机清理电线上的积雪

有一年，美国北方格外寒冷，大雪纷飞，电线上积满冰雪，大跨度的电线常被积雪压断，严重影响通信。过去，许多人试图解决这一问题，但都未能如愿以偿。后来，电信公司经理应用奥斯本发明的头脑风暴法，尝试解决这一难题。他召开了一种能让头脑卷起风暴的座谈会，参加会议的是不同专业的技术人员，要求他们必须遵守以下原则。

第一，自由思考。即要求与会者尽可能解放思想，无拘无束地思考问题并畅所欲言，不必顾虑自己的想法是否离经叛道或荒唐可笑。

第二，延迟评判。即要求与会者在会上不要对他人的设想评头论足，不要发表“这主意好极了！”“这种想法太离谱了！”之类的捧杀句或扼杀句，至于对设想的评判，留在会后组织专人考虑。

第三，以量求质。即鼓励与会者尽可能多而广地提出设想，以大量的设想来保证质量较高的设想的存在。

第四，结合改善。即鼓励与会者积极进行智力互补，在增加自己提出设想的同时，注意思考如何把两个或更多的设想结合成另一个更完善的设想。

按照这种会议规则，大家七嘴八舌地议论开来，有人提出设计一种专用的电线清雪机；有人想到用电热来化解冰雪；也有人建议用振荡技术来清除积雪；还有人提出能否带上几把大扫帚，乘直升机去扫电线上的积雪。对于这种“坐飞机扫雪”的想法，大家心里尽管觉得滑稽可笑，但在会上也无人提出批评。相反，有一位工程师在百思不得其解时，听到用飞机扫雪的想法后，大脑突然受到冲击，一种简单可行且高效率的清雪方法冒了出来。他想，每当大雪过后，出动直升机沿积雪严重的电线飞行，依靠调整旋转的螺旋桨即可将电线上的积雪迅速扇落。他马上提出“用干扰机扇雪”的新设想，顿时又引起其他与会者的联想，有关用飞机除雪的主意一下子又多了七八个。不到一小时，与会的 10 名技术人员共提出 90 多个新设想。

会后，公司组织专家对设想进行分类论证。专家们认为设计专用清雪机，采用电热或电磁振荡等方法清除电线上的积雪，在技术上虽然可行，但研制费用大，周期长，一时难以见效。那种因“坐飞机扫雪”激发出来的几种设想，倒是一种大胆的新方案，如果可行，将是一种既简单又高效的好办法。经过现场试验，发现用直升机扇雪真能奏效，一个久悬未决的难题，终于在头脑风暴会中得到了巧妙的解决。随着创造活动的复杂化和课题涉及技术的多元化，单枪匹马式的冥思苦想将变得软弱无力，“群起而攻之”的战术则显示出攻无不克的威力。

第 7 章　获奖案例

案例 1: 第 23 届中国 MBA 创业大赛创业计划竞赛商业计划书
智慧手杖 助力前行

项目负责人：曹谦
团队成员：刘青、郑蓉蓉、曹肖圆
指导老师：初汉芳

第 1 部分：项目概要

1.1 项目背景

随着中国老龄化的加速，养老资源的匮乏已经成为一个十分严峻的社会问题。如今人们生活水平大幅度提高，大家对于健康的渴望越来越强烈，由此催生了康养产业的诞生和发展。康养产业其实非常广泛，其中包括了养老、医疗、体育、养生、旅游等，并且衍生了许许多多的产业链。康养产业让国民的健康与养老问题得到了有效的解决，“老有所乐、身体健康”是康养产业为人们作出的最大贡献。我国康养产业市场消费需求在 5 万亿元以上。但是随着康养产业的供给不断增加，2030 年我国康养产业市场消费需求将达到 20 万亿元左右。根据不完全测算，当前每年为康养产业提供的产品却仅仅在 5000 亿—7000 亿元，针对持续旺盛的市场需求，有效的供给明显严重不足。

辅助行走站立器械，即辅助行走和站立的器械，用于行动障碍患者的康复训练，通过承担上肢或全身的压力以辅助行走或站立。根据作用和形式，辅助行走站立器械可分为拐杖、助行器及助行架、站立架及站立根撑台、行走及站立根具。辅助行走站立器械适用人群包括患有发育和神经系统疾病、脊髓损伤、肌肉骨骼疾病、因小儿麻痹症或非传染性疾病而导致身体受损的人、肢体残疾人以及肢体功能逐渐下降的老年人。

随着我国人口老龄化现象日益严重，老年人的生活质量和安全问题逐渐成为社会关注的焦点。据统计，2023 年末，我国 60 岁及以上人口高达 2.9 亿，占全国人口的 21.1%，其中不少老年人存在行动不便的问题。目前市场上存在可以帮助腿脚不便的老年人行走的拐杖和轮椅，但此类辅助工具缺少对老年人健康数据的智能监测。为积极响应中央关于发展银发经济增进老年人福祉的意见，我们提出了智慧手杖项目，本项目将拐杖与现代智能技术相结合，打造一款集智能化与人性化于一体的新型辅助行走工具，为老年人提供更加安全、便捷和智能的生活方式。

1.2 项目介绍

1.项目内容

智慧手杖项目是一款集多种创新功能于一体，具有广阔市场前景和深远社会意义的产品。它将科技与人文关怀完美结合，为老年群体的出行和健康管理带来了全新的解决方案。

智慧手杖的设计充分考虑了老年人的使用习惯和身体特征。手杖的握把采用符合人体工程学的设计，手感舒适，方便老人长时间握持；手杖的高度可以根据老人的身高进行调节，确保使用时的舒适度和稳定性。智慧手杖将现代科技融入传统的手杖产品中：智慧手杖内置高精度 GPS 定位系统，具有定位与导航功能；手杖配备了多种健康监测传感器，将数据同步到手机应用或云端服务器，具有健康监测功能；手杖上设置了显眼的紧急呼叫按钮，可以立即向预先设置好的联系人（如家人、社区服务中心或急救中心）发送求救信号，具有紧急呼叫与求救功能；手杖配备了自动感应的照明系统，灯光的亮度可以根据周围环境自动调节，具有智能照明功能；手杖与老人的距离超出设定范围，或者检测到手杖被异常移动，手杖会发出警报声，同时向家人的手机发送通知，具有防丢失与防盗功能。

此项目不仅仅满足于简单的数据采集，还注重对采集到的健康数据和出行数据进行整合与分析。通过大数据分析技术，为老人提供个性化的健康建议和出行规划，例如根据老人的心率和血压情况推荐适合的运动强度和出行路线。同时该项目积极探索与社区、医疗机构的合作与联动。当智慧手杖发出健康预警或求救信号时，除了通知家人，还可以同时将相关信息发送给社区服务中心或附近的医疗机构，使他们能够迅速作出响应，形成一个全方位的关爱老人的网络。

2.项目目标

（1）提升安全性。确保老年人在使用手杖时能够更加安全地行走，减少跌倒等意外事故的发生。

（2）增强独立性。通过智能功能，帮助老年人提高生活自理能力，减少对他人照顾的依赖。

（3）智能导航。集成 GPS 和室内定位系统，为老年人提供准确的导航服务，帮助他们轻松到达目的地。

（4）健康管理。监测老年人的步行速度、步数、心率等健康数据，实时关注他们的身体状况。

（5）紧急求助。在老年人遇到紧急情况时，能够快速发出求助信号，联系家人或紧急服务。

（6）便捷操作。设计简单易用的操作界面，确保老年人能够轻松掌握和使用智慧手杖的各项功能。

（7）个性化定制。提供个性化设置，如调整手杖高度、适配不同的用户需求，以及提供语音提醒等个性化服务。

（8）社交互动。通过集成社交功能，促进老年人之间的交流，减少孤独感，增强社会参与感。

（9）数据反馈。收集和分析使用数据，不断优化产品功能，提升用户体验。

（10）市场推广。将智慧手杖推广至更广泛的市场，使其成为老年人生活中的标配，提高社会对老年人群的关注度。

3.项目意义

（1）提高老年人生活质量，促进家庭和谐。通过集成多种智能功能，智慧手杖可以帮助老年人更加独立和安全地进行日常活动，提高他们的生活质量。同时帮助家庭成员更好地关心和照顾老年人，减少因老年人安全问题而产生的家庭矛盾。

（2）降低医疗成本，推动智慧养老产业发展。智慧手杖通过监测老年人的健康状况，为早期发现健康问题提供可能，从而及时进行医疗干预，有助于降低长期医疗成本。同时智慧手杖作为智慧养老产业链中的一个环节，其发展有助于推动整个康养产业的进步。

（3）体现社会关怀，提升城市智能化水平。智慧手杖体现了社会对老年人群体福祉的关注，促进了社会和谐与进步，具有显著的社会意义。智慧手杖的使用和数据收集有助于城市管理者更好地了解老年人的出行需求，从而优化城市基础设施和服务。

1.3 宗旨

本公司企业宗旨是通过销售辅助行走类产品，为社会创造价值，为股东创造财富，用心服务每一位客户。本公司是一家处于创始阶段的公司。×××有限公司的法定经营形式是独资有限责任公司，法定地址：河北省石家庄市。

现在×××有限公司需要 250 万元启动资金，用于下列目的：

（1）建设工厂或寻找代工厂。

（2）增加销售量以促进和改善我们的产品或服务。

（3）为了增加分销渠道、零售网点、区域销售、销售办事处，或生产电子产品、直接邮递业务。

（4）为适应新订单的大量涌入，需要改善客户的支持与服务系统。

（5）在新的市场规划形势下，新增的雇员需要努力适应不断发展的形势。

（6）增强科研开发能力，以便生产适销对路的产品。

×××有限公司目前提供 1 种产品：智慧手杖，如图 7-1 所示。

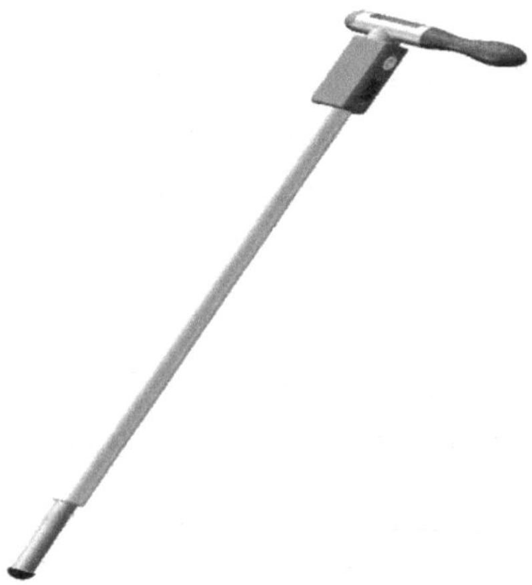

图 7-1　智慧手杖产品原型图

目前，我们的产品处于概念阶段。我们的产品是独一无二的，理由是银发经济的国家政策，市场潜力大。另外，我们有独特市场优势，市场上还没有类似商品。

1.4 市场定位

产品的市场定位首先是老年人，特别是那些行动不便或需要辅助行走的老年人。随着社会老龄化的加剧，老年人口数量不断增加，对拐杖的需求也随之增长。

中国老年人口规模庞大，老龄化进程加快，2022 年的中国 65 岁以上的老年人口已增长至 20978 万人，同比增长 4.6%，占总人口比重为 14.9%。随着老龄化趋势日益明显，失能老年人群体进一步扩大，对辅助行走站立器械的需求也逐年提高，辅助行走站立器械的行业规模随之增长。整体来看，我国辅助行走站立器械行业规模不断扩大，市场规模由 2018 年的 3.36 亿元增长至 2022 年的 4.92 亿元人民币，期间年复合增长率为 9.99%；随着中国社会老龄化程度的加深，下游需求因失能老年人群增加而稳步上涨，辅助行走站立器械行业将迎来更加广阔的发展前景。

第 2 部分：产品与服务

2.1 产品技术

（1）材料创新。手杖的主体材料选用高强度铝合金，这种材料不仅具有出色的轻便性，方便老年人携带和使用，而且具备良好的抗压、耐腐蚀性能，能够承受一定程度的外力冲击，确保在长期使用过程中不易损坏。杖身表面经过特殊的阳极氧化处理，不仅增加了耐磨性，还使其具有良好的耐腐蚀性，能够适应各种复杂的户外环境，如潮湿的地面、酸雨天气等。

（2）智能传感技术集成。在手杖的关键部位集成了多种先进的传感器。底部的高精度压力传感器能够精确感知使用者施加的压力，实时监测手杖的受力情况，通过内置的微处理器对压力数据进行分析，可以判断使用者的行走姿态是否稳定。同时，配备了高灵敏度的加速度传感器和陀螺仪传感器，能够敏锐捕捉到手杖在三维空间内的运动状态变化，如倾斜角度、摆动速度等，一旦检测到异常情况，如使用者即将跌倒时，能够在瞬间作出反应，为后续的报警和防护功能提供准确的数据支持。

（3）无线通信技术应用。内置低功耗蓝牙模块和 GSM 通信模块，实现了手杖与外部设备的连接。蓝牙模块用于与智能手机等智能终端进行短距离数据传输，方便将手杖采集到的健康数据、行走信息等同步到手机 App 上，让使用者及其家人能够随时查看和分析。GSM 通信模块则确保了在紧急情况下，手杖可以直接拨打预设的紧急联系人电话或向社区服务中心、医疗机构等发送求救信号，即使在没有智能手机信号的偏远地区，也能保证求救信息的及时发送，保障使用者的生命安全。

（4）电池技术与续航保障。为了支持智能功能的持续运行，采用了高容量的锂离子电池，电池容量达到 20000 毫安时。同时，配备了智能电源管理系统，能够根据手杖的使用状态自动调节各部件的功耗，如在长时间静止时自动进入低功耗待机模式，当检测到使用者拿起手杖准备行走时，手杖会被迅速唤醒并恢复正常工作状态。通过这种智能电源管理技术，手杖在充满电的情况下，正常使用可续航长达 30 天，大大减少了使用者频繁充电的困扰，提高了产品的实用性。

2.2 产品功能

（1）精准支撑与自适应调节。根据人体工程学原理设计的可调节杖身高度和手柄角度，适合不同身高、体型和行走习惯的老年人使用。通过简单的按钮操作即可实现快速、精准的调节，确保手杖在使用时能够为使用者提供最舒适、稳定的支撑点，减轻腰部和腿部的负担，预防因长期不良姿势行走导致的身体损伤。同时，手杖还具备自适应调节功能，能够根据使用者在行走过程中的用力变化和地面状况，自动微调支撑角度和力度，进一步提高行走的安全性和舒适性。

（2）全方位健康监测。除了基本的行走步数、行走距离和消耗卡路里等数据监测外，手杖还集成了先进的生理参数监测功能。通过手柄处的生物传感器，能够实时监测使用者的心率、血压、血氧饱和度等关键健康指标，并将这些数据通过蜂窝网络或蓝牙传输到手机 App 上。App 会根据预设的健康阈值进行分析和预警，一旦发现某项指标异常，会立即向使用者及其家人发送提醒信息，以便及时采取相应的医疗措施。此外，长期积累的健康数据还可以为医生提供有价值的诊断参考，帮助老年人更好地管理自己的健康状况。

（3）智能导航与路径记录。结合手机 App 的地图导航功能，手杖可以为使用者提供精准的导航指引。使用者只需在 App 上输入目的地，手杖就会通过语音提示和震动反馈的方式引导其前往，避免迷路的情况发生。同时，手杖还具备路径记录功能，能够自动记录使用者的行走轨迹，并在 App 上生成历史行走路线图，方便使用者回顾自己的活动范围和路线，也有助于家人了解其日常活动情况，对于患有认知障碍或记忆力减退的老年人来说，这一功能尤为重要。

（4）跌倒防护与紧急救援。当智能传感器检测到使用者有跌倒倾向时，手杖会迅速启动主动防护机制。首先，通过内置的微型电动平衡装置自动调整手杖的支撑角度，尽可能地保持使用者的身体平衡，防止跌倒的发生。其次，如果跌倒无法避免，手杖会在接触地面的瞬间迅速充气膨胀，形成一个柔软的缓冲垫，减轻使用者摔倒时的冲击力，降低受伤的风险。与此同时，手杖会立即发出高分贝的警报声，并通过 GSM 通信模块向预设的紧急联系人发送求救信息，包括使用者的当前位置信息（通过内置的北斗卫星定位模块获取），确保救援人员能够在第一时间赶到现场进行救助。

（5）照明与警示功能。前端配备的高亮度 LED 照明组件具有多种照明模式，可满足不同环境下的使用需求。在夜间行走时，常亮模式能够提供明亮的照明，让使用者看清路面的障碍物和坑洼。此外，手杖还具有闪烁警示模式，当使用者在光线较暗的道路上行走或穿越马路时，闪烁的灯光可以引起过往车辆和行人的注意，提高自身的安全性。同时，手杖的后端还设计了一个反光条，在夜间或低光照条件下，能够反射周围的光线，进一步增强警示效果，确保使用者在行走过程中始终处于可见状态，避免发生意外碰撞事故。

（6）人工智能。随着 AI 的发展和普及，配合物联网持续发展，我们的手杖结合人工智能势在必行，人工智能不仅可以实时与通过语音唤醒方式和使用者进行语音交流，提醒使用者及其家人接收健康数据、热点资讯、异常使用情况等各类信息，而且通过 OTA 升级，可以保证每一款产品都能实时进行更新，让顾客享受到优质和前瞻的服务。

2.3 产品优势

（1）技术先进性优势。手杖所采用的航空级铝合金材料、先进的智能传感技术、高效的无线通信技术以及精准的健康监测技术等，均处于行业领先水平。这些前沿技术的集成应用，使得产品在性能、功能和安全性方面远远超越了传统的老年手杖，能够满足现代老年人对于高品质、智能化生活辅助产品的需求，为企业在市场竞争中赢得了技术优势，树立了高端的品牌形象。

（2）功能全面性优势。与市场上其他同类产品相比，本手杖的功能更加全面、丰富。从基本的行走支撑到全方位的健康监测、智能导航、跌倒防护和紧急救援等功能一应俱全，为老年人的日常生活提供了一站式的解决方案。这种功能的全面性不仅提高了产品的实用性和便利性，还增加了产品的附加值，使得消费者在购买一款手杖的同时，能够享受到多种实用的服务和保障，从而提高了产品的性价比和市场竞争力。

（3）个性化定制优势。充分考虑到老年人的个体差异和多样化需求，本手杖提供了个性化定制服务。消费者可以根据自己的身体状况、使用习惯和审美喜好，选择不同的手杖款式、颜色、功能模块组合等。例如，对于患有特定疾病的老年人，可以定制专门的健康监测功能套餐；对于经常外出旅行的老年人，可以选择配备更大容量电池和更强大导航功能的款式。这种个性化定制服务能够满足不同消费者的个性化需求，提高客户的满意度和忠诚度，进一步拓展了市场份额。

（4）安全可靠性优势。在产品设计和制造过程中，始终将安全可靠性放在首位。严格的材料筛选和质量检测流程，确保了手杖的每一个部件都符合高标准的质量要求。先进的智能防护和紧急救援功能，如跌倒自动缓冲、快速求救信号发送等，为老年人的使用提供了全方位的安全保障。经过多次严格的模拟测试和实际场景试验，手杖在各种复杂环境下都能够稳定、可靠地运行，有效降低了使用者发生意外事故的风险，赢得了消费者的信任和认可。

（5）品牌与服务优势。致力于打造一个关爱老年人、专注于老年产品研发和服务的知名品牌。通过提供优质的产品和全方位的售前、售中、售后服务，树立了良好的品牌形象和口碑。建立了覆盖全国的销售和服务网络，确保消费者能够方便地购买到产品，并在使用过程中享受到及时、专业的技术支持和维修保养服务。定期开展客户回访和满意度调查，根据消费者的反馈不断改进产品和服务，进一步增强了品牌的竞争力和市场影响力。

2.4 服务与支持

1.对顾客的服务

我们的顾客都认为服务与技术支持是他们最关心的事情。他们常常对我们所提供的服务与技术支持发表意见。我们建立了小程序，向全体顾客提供 24 小时服务热线。

2.反馈与调节方案

提供全面的售前和售后技术支持与服务。售前活动主要由位于现场的系统工程师来做。售后活动主要是通过设置的热线来完成的。有了这两种服务体系保证了我们的技术可以成功应用，并使顾客满意。这些机构提供对我们全线产品的技术支持，可以保证产品的顺利使用和快速解答顾客问题。主要采用线上方式进行服务与支持，这样可以有效地节约时间，降低日常开支。

第 3 部分：市场分析

3.1 市场机会

（1）人口老龄化带来的需求增长。我国人口老龄化趋势日益明显，老年人口比例不断攀升。随着年龄的增长，老年人的行动能力逐渐减弱，对辅助行走设备的需求日益迫切。据统计，2024 年，全国 60 岁及以上的老年人口已达 3.1 亿，他们大多有不同程度的行走困难，需要借助拐杖等辅助工具。我们的智慧手杖不仅能满足老年人的基本行走需求，还能通过其进行健康监测等，为老年人的健康管理提供帮助，市场潜力巨大。

（2）健康意识提高促进市场发展。现代社会人们对健康的关注度越来越高，不仅老年人注重健康管理，中青年人群也越来越重视日常的运动和健康监测。智慧手杖的健康监测功能（如步数统计、心率监测等）使其不仅是一款辅助行走工具，还是爬山辅助工具，更是一个健康管理设备。这使得我们的产品可以拓展到健康运动人群市场，扩大了目标客户群体。

（3）智能穿戴设备市场的延伸。近年来，智能穿戴设备市场呈现爆发式增长，人们已经逐渐接受并习惯了通过智能设备来监测和管理自己的健康。智慧手杖可以看作是智能穿戴设备在辅助行走领域的延伸，是将智能穿戴设备的健康监测功能与传统拐杖的辅助行走功能相结合，符合市场发展的趋势，能够吸引对新兴技术和健康管理有兴趣的消费者。

3.2 市场介绍

中国辅助行走站立器械行业的市场规模从 2018 年的 3.36 亿元增长至 2022 年的 4.92 亿元，年复合增长率为 9.99%。拐杖和助行器是主要产品类别，随着社会老龄化程度的加深，市场需求将进一步增加。

政府对老年用品市场的扶持政策推动了拐杖市场的发展。例如，《关于发展银发经济增进老年人福祉的意见》提出大力发展康复辅助器具产业，推动拐杖等产品的升级和创新。随着科技进步，智能拐杖的出现打破了传统拐杖的功能局限，为年轻人群体提供了更多便利。未来，拐杖市场将朝着智能化和个性化方向发展。

3.3 目标市场

我们的市场定位是行走困难的人群，其中最有发展前景的人群是老年群体。目前，目标市场份额主要由可孚、鱼跃、互邦轮椅占领。当前我们产品的典型客户是行走不便的老年人。我们可以激发他们购买我们产品的激情，原因是我们的差异化的特点。随着科技进步，智能拐杖的出现打破了传统拐杖的功能局限，为年轻人群体提供了更多便利。未来，拐杖市场将朝着智能化和个性化方向发展。

（1）老年人群体。这是我们的核心目标市场之一。随着年龄的增长，老年人的身体机能逐渐衰退，对辅助行走工具的需求最为迫切。我们的智慧手杖不仅能够提供稳定的支撑，帮助老年人安全行走，还能通过健康监测功能为他们的健康管理提供数据支持。我们将重点关注老年社区、养老院、老年活动中心等场所，通过与这些机构的合作，推广我们的产品。

（2）残障人士群体。残障人士也是我们的重要目标客户。对于行动不便的残障人士来说，一款功能齐全、使用方便的拐杖能够极大地提高他们的生活自理能力。我们将与残联等相关机构合作，了解残障人士的需求，为他们提供定制化的产品和服务。

（3）健康运动人群。随着人们健康意识的提高，越来越多的中青年人群加入健康运动的行列。我们的智慧手杖的健康监测功能能够满足这部分人群在运动过程中的数据监测需求，如步数、心率等。比如，一些中青年在爬山时，就可以使用我们的智慧手杖。

3.4 产品定位

我们的产品定位为高端市场，强调产品的智能化和健康管理功能。通过先进的技术和精致的设计，打造出具有科技感和品质感的智慧手杖，树立高端品牌形象。我们的品牌理念是“科技关怀健康，拐杖助力生活”，旨在让用户在使用我们的产品时，既能感受到科技带来的便利，又能体验到我们对他们健康的关爱。

3.5 顾客的购买准则

拐杖是一种辅助行走的简单器械，通常是一根木制或金属的棍子。拐杖顶端有一个把手，充当行走时的“第三条腿”，稳定身体。也有三足或四足的，加强防滑作用，有的还结合了一个折叠小凳子。拐杖一般是老人和残疾人使用，拐杖的主要作用就是辅助行走。拐杖并不是腿脚不灵便的时候才能用的，选用拐杖不能看年龄，更严谨的做法是根据每个人的身体状况进行风险评估。给老人配备一根合适的拐杖，用来辅助老人行走，可以预防摔倒骨折等意外情况发生。

（1）提高老人的平衡性。老年人平衡功能减弱，即使站着不动也容易晃动，需要借助拐杖提高平衡能力；容易疲劳或步行能力差的老年人可以选择带座拐杖，随时休息。

（2）防止眼花或患眼部疾病的老人摔倒。因为视力下降，老人们走路的时候往往会忽视地面的一些小细节，哪怕一颗小石子也有可能成为老人行走时候的危险因素。如果有一根拐杖，可以大大降低老人滑倒、磕碰的风险。因此，视力下降、视物模糊的老人，在外出时也可以拄根拐杖。

（3）减少跌倒发生，降低骨折的风险。对于严重骨质疏松和腰椎压缩性骨折的老年患者来说，用拐杖可以保护骨骼和关节免受损伤或减少关节的磨损。

（4）辅助老人下肢力量，可以走得远、走得稳。下肢力量减弱或下肢感觉衰退的老人，走路时常表现为无力、腿软、深一脚、浅一脚，踩不实地，这种情况下也需要拐杖辅助行走。

消费者对拐杖的需求各不相同，个性化定制服务越来越受欢迎。此外，线上销售渠道的拓展也为拐杖销售提供了新的机会。技术整合和服务多元将是我们的竞争力，也是和市场目前产品差异化的竞争力。

第 4 部分：竞争分析

4.1 现有竞争对手分析

（1）传统拐杖制造商的优劣势。优势：这些企业在拐杖制造领域有较长的生产历史和成熟的生产工艺，在产品质量和生产成本控制方面有一定优势。他们的产品已经在市场上有一定的品牌知名度和客户基础，尤其是在传统拐杖市场占据较大份额。劣势：他们的产品大多功能单一，缺乏智能化和健康监测功能。在产品创新和适应新兴市场需求方面相对滞后，品牌形象较为传统，对有健康需求的消费者吸引力不足。

（2）新兴智能健康设备制造商的优劣势。优势：这些企业通常具有较强的技术研发能力，在智能健康监测技术方面有一定的积累。他们能够快速推出具有创新功能的产品，并且在市场营销方面较为灵活，善于利用互联网和新媒体进行推广。劣势：他们大多没有拐杖制造的相关经验，对辅助行走设备的用户需求和使用场景了解不够深入。在产品的稳定性和可靠性方面可能存在不足，尤其是在将智能技术与传统拐杖功能相结合时，可能会出现兼容性问题。

4.2 竞争优势

（1）功能集成优势。我们的智慧手杖将辅助行走功能与多种健康监测功能有机结合，是市场上为数不多的能够同时满足用户行走和健康管理需求的产品。这种功能集成优势能够为用户提供一站式解决方案，减少用户购买多种设备的成本和麻烦。

（2）用户体验优势。通过精心设计的产品外观、便捷的操作方式和完善的配套服务（如 App 和在线社区），我们致力于为用户提供卓越的使用体验。用户可以方便地查看健康数据、获取健康咨询和与其他用户交流，这种全方位的用户体验是我们区别于竞争对手的重要方面。

（3）安全性能优势。我们的智慧手杖针对一些有心脏病等重大疾病的特殊用户，还专门提供实时定位、一键呼救等功能。如果这些特殊用户遇到突发情况，可以立即启用一键呼救功能，医疗救援机构也能根据智慧手杖提供的实时定位，第一时间对用户进行救援，确保用户的生命健康安全。

（4）品牌定位优势。我们的品牌定位于高端、智能、健康的智慧手杖制造商，既注重产品的科技含量，又强调对用户健康的关怀。这种品牌定位能够吸引追求品质生活和健康管理的中高端消费者，在市场上树立独特的品牌形象。

4.3 竞争劣势及应对策略

（1）品牌知名度较低。作为一家新进入市场的企业，我们的品牌知名度相对较低，在市场推广方面面临一定的挑战。应对策略：加大市场推广力度，通过线上线下相结合的方式进行品牌宣传。在线上，利用社交媒体、健康类网站、电商平台等进行广告投放和内容营销；在线下，参加医疗器械展、老年用品展等行业展会，展示产品的功能和优势，提高品牌曝光度。同时，通过与医疗机构、养老机构等合作，进行产品试用和推广，借助合作伙伴的渠道和资源提升品牌知名度。

（2）生产成本较高。在产品研发和初期生产阶段，由于生产规模较小和技术研发投入较大，我们的生产成本相对较高，这可能会影响产品的价格竞争力。应对策略：一方面，通过优化生产流程、扩大生产规模来降低单位生产成本。另一方面，在产品定价策略上，采用差异化定价，根据产品的功能和定位制定不同的价格区间，突出产品的性价比。同时，积极寻求与供应商的长期合作，争取更优惠的原材料采购价格，进一步降低生产成本。

第5部分：市场营销

5.1 营销渠道

1.线上营销渠道

（1）电商平台。在主流电商平台（如淘宝、京东等）开设官方旗舰店，展示和销售我们的智慧手杖产品。通过优化店铺页面、产品详情页和客户服务，提高用户的购买体验。同时，利用电商平台的数据分析功能，了解用户的购买行为和偏好，为产品优化和营销策略调整提供依据。

（2）社交媒体营销。利用社交媒体平台（如微信、微博、抖音等）进行品牌推广和产品营销。创建官方账号，定期发布产品介绍、使用教程、健康知识等内容，吸引用户关注。通过举办线上互动活动（如抽奖、问答等），增加用户的参与度和黏性。与健康领域的网红、博主合作，让他们试用并推荐我们的产品，借助他们的影响力扩大品牌知名度。

（3）在线健康社区和论坛。参与专业的在线健康社区和论坛（如丁香园、好大夫在线等），发布与老年人健康、康复、辅助行走设备等相关的专业文章和讨论话题。在文章和话题中自然地融入我们的产品信息，解答用户的疑问，树立专业的品牌形象。通过与社区用户的互动，收集用户反馈，改进产品和服务。

2.线下营销渠道

（1）医疗机构和养老机构。与医院、康复中心、养老院等医疗机构和养老机构建立合作关系。向这些机构提供产品试用，让医护人员和养老服务人员了解我们产品的功能和优势。通过他们的推荐和口碑传播，将产品推广给有需求的患者和老年人。在这些机构举办健康讲座和产品演示活动，向目标客户群体直接介绍我们的产品。

（2）零售终端。在医疗器械专卖店、老年用品店等零售终端铺货，展示和销售我们的智慧手杖。与零售商建立良好的合作关系，提供培训和支持，确保销售人员能够准确地向客户介绍产品的功能和使用方法。通过在零售终端设置产品展示区、发放宣传资料等方式，提高产品的曝光度和购买率。

（3）行业展会。参加医疗器械展、老年用品展、康复设备展等行业展会。在展会上布置精美的展台，展示我们的全系列产品，通过现场演示、体验活动等方式，让参观者直观地感受我们产品的功能和特点。与行业内的其他企业、专家、媒体等进行交流和合作，了解行业最新动态，提升品牌在行业内的知名度。

5.2 促销策略

1.价格促销

在产品上市初期，推出限时折扣、买二送一等价格促销活动，吸引消费者购买。针对批量购买的客户（如养老机构、医疗机构等），提供一定的价格优惠和定制化服务，鼓励他们选择我们的产品。

2.赠品促销

购买智慧手杖的用户可以获得相关的赠品，如拐杖配件、健康手册、保健用品等。这些赠品不仅可以增加产品的附加值，还能让用户感受到我们的关怀和诚意。

3.会员制度和忠诚度计划

建立会员体系，用户购买产品后可以注册成为会员。会员可以享受积分累计、积分兑换礼品、优先购买新产品、专属客服等特权。根据会员的消费金额和频率划分会员等级，不同等级的会员享受不同程度的优惠和服务。例如，高级会员可以享受免费的产品升级服务、定期的健康咨询服务等。通过这种方式，提高用户的忠诚度。

4.口碑营销

鼓励现有用户进行口碑传播，例如设置用户推荐奖励机制。当老用户成功推荐新用户购买产品时，老用户和新用户都可以获得一定的奖励，如现金折扣、优惠券、免费的产品配件等。收集用户的使用案例和好评，制作成宣传资料（如视频、图文案例集等），在各种营销渠道上展示，增强品牌的可信度和吸引力。

第 6 部分：商业模式

6.1 产品定位

×××智慧手杖定位于中高端老年健康辅助产品，旨在满足老年人日常出行安全保障、健康监测以及家人远程关怀的多重需求。它聚焦于对生活品质有追求、注重健康管理且子女关注其安全状况的老年群体，以及相关养老、康复医疗机构为其服务对象配备智能监护设备的需求，不仅是一款助力行走的工具，更是老年人随身的健康管家与安全卫士。

凭借精准的定位功能，可确保老人在户外活动时能被实时追踪位置，让家人安心；实时血压和心率监测功能为老人提供健康预警，相当于 24 小时的私人健康助手；语音对讲功能方便老人与家人随时沟通交流，远程监控则使家人能及时了解老人周边环境与状况，给予帮助与照顾。

6.2 公司运营模式

公司将以智慧手杖为核心产品，构建全链条式运营体系。

在研发环节，与专业科研机构及高校合作，确保技术的前沿性与稳定性，投入大量资源进行功能优化与创新，如提升定位精准度、拓展监测指标等。

在生产环节，甄选优质硬件制造商，建立长期合作关系，严格把控产品质量与生产周期。

在销售环节，多元化渠道销售，线上通过电商平台、官方网站直销进行销售，线下与医疗器械店、老年用品店、养老机构等建立合作，举办产品体验活动拓展客户资源。

在售后服务环节，自主开发配套手机App，组建跨学科专业健康团队，包括医生、护士、康复师等，为用户提供健康管理服务并收集数据反馈从而助力产品迭代。

6.3 盈利模式

1.产品售卖

针对不同消费层次，设计高、中、低三档不同配置的智慧手杖，通过差异化产品策略，满足多样化的市场需求，提高市场占有率与整体销售额。

基础版配备基本的定位、语音对讲和简单健康监测功能，满足一般老年用户日常出行与基本健康关注需求，定价为299元。

进阶版在基础版功能上，提升监测精度、扩大定位覆盖范围，并增加一些智能提醒功能，如按时服药提醒等，定价为499元。

豪华版集成最先进的技术，拥有高精准度的多维度健康监测、全球实时定位以及超清晰双向语音对讲功能，同时手杖材料选用高端轻便且耐用的材料，外观设计更具个性化与时尚感，定价为899元。

2.配套App会员入会

推出月度、季度、年度会员套餐。会员可享受无限次健康数据深度分析，通过大数据算法与专业医疗模型，为会员提供详细的健康趋势报告与疾病风险预警；私人医生在线咨询服务，由专业医生团队在规定时间内快速响应会员的健康咨询，解答疑问并提供初步诊断建议；专属运动康复课程，根据会员的健康状况与身体机能，定制个性化的康复训练计划与运动指导视频，帮助老年人提升身体素质与行动能力。

费用方面，月度会员套餐定价为每月 19.9 元，季度会员套餐优惠后每季度 49.9 元，年度会员套餐则为每年 169.9 元，通过提供有吸引力的会员服务与合理的价格梯度，鼓励用户长期订阅会员服务，增加用户黏性与公司的长期收益。

3.公司健康团队服务

为有特殊需求的用户定制个性化健康管理方案，通过提供专业、全面且个性化的健康团队服务，满足高端用户与特殊需求用户群体的需求，进一步拓展盈利渠道与提升品牌形象。

对于需要 24 小时健康监测的用户，公司健康团队将利用智能手杖实时采集的数据，结合专业医疗设备的辅助监测，由专业医护人员进行全天候数据跟踪与分析，一旦发现异常立即启动预警机制并联系家属与合作医疗机构，此项服务每月收费 20 元起。

上门康复服务则由专业康复师根据老人的身体状况与康复需求，定期上门进行康复训练指导与身体机能评估，每次服务收费 70 元，根据服务套餐给予不同程度的折扣优惠。

紧急就医绿色通道协调服务，公司与多家知名医院建立合作关系，当用户出现紧急健康状况时，健康团队将迅速联系合作医院，优先安排挂号、检查、住院等流程，确保老人能得到及时救治，此项服务根据协调难度与服务范围，收费从 10 元到 100 元不等。

4.广告收入

在配套 App 中接入与老年人健康、生活品质相关的广告。如医疗保健产品广告，适合老年人的营养补充剂、关节护理产品等；老年旅游服务广告，适合老年人的休闲旅游线路；智能家居设备广告，方便老年人使用的智能门锁、智能灯具等。采用精准投放策略，根据用户在手机 App 内的健康数据、浏览历史以及个人信息等，为不同用户推送相关性更高的广告内容，提高广告点击率与转化率。

与广告商的合作模式可以包括按点击量收费、按展示次数收费或者按广告投放周期收取固定费用等。预计随着用户数量的增长与手机App使用频率的增加，广告收入将逐步成为公司盈利的重要组成部分，在运营初期，广告收入目标为总盈利的10%，随着市场拓展与品牌知名度提升，逐步提高至50%。

6.4 客服售后

设立7×24小时客服热线，同时在手机App内设置在线客服入口，多渠道及时响应客户咨询与投诉。

产品质保期为两年，质保期内非人为损坏免费维修或更换，在全国主要城市设立售后服务中心，偏远地区采用邮寄维修并给予维修补贴。

定期开展客户满意度调查，对反馈问题及时跟进处理，建立客户忠诚度计划，如积分兑换礼品、老客户专享折扣等。

第7部分：公司战略与人力资源管理

7.1 公司概况

×××有限公司总部位于河北省石家庄市，是一家专注于为老年群体提供高品质、智能化手杖的创新型企业。智慧手杖最直接和主要的客户群体是老年人，宣传口号是“×××智慧手杖，让关爱随时在握”。公司以关爱老年群体为出发点，以科技创新为驱动力，不断探索和发展智慧手杖的更多功能和应用场景，秉承初心，成为老年辅助器具领域的引领者，为老年群体带来更多的便利和福祉。

7.2 宗旨

本公司的愿景是让年龄不再成为运动的约束。

本公司的使命是为行动创造机会，为运动带来幸福。

本公司的核心价值观：平等、自由、创新、尊重。

本公司的商业口号：让科技产品老年化，让老年产品年轻化。

我们立志于在开发与销售领域恪守信誉、提高声望。为达到此目标，我们采取缩短新产品的开发周期，密切注视市场趋势和需求，开发具有创意性和获利性产品，并在包装上创新等方式来实现。

7.3 组织架构

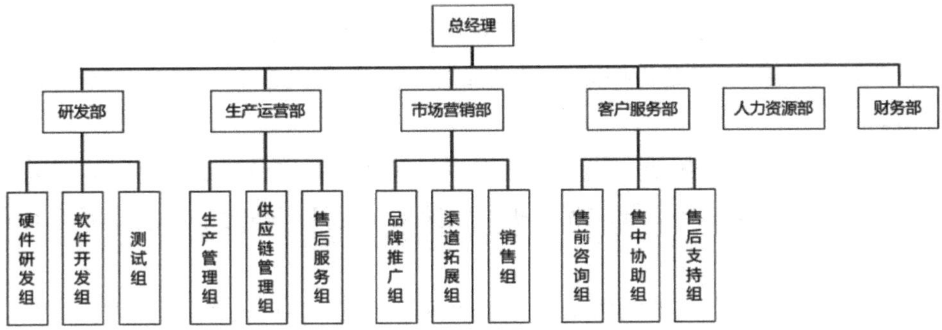

图 7-2　公司组织架构

（1）总经理

负责公司的整体战略规划和运营管理，领导公司的发展方向，协调各部门之间的工作，对公司的经营业绩负责。

（2）研发部

硬件研发组：专注于智慧手杖的硬件设计和开发，包括机械结构设计、电子电路设计、传感器选型和集成等。确保产品的硬件性能稳定、可靠，满足产品功能需求。

软件开发组：负责开发与智慧手杖配套的软件系统，如健康数据监控平台的 App、智能硬件管理平台等。实现健康数据的采集、处理、分析和展示功能，以及用户交互界面的设计和开发。

测试组：对研发的产品和软件进行全面的测试，包括功能测试、性能测试、可靠性测试、安全性测试等。确保产品和软件在推向市场前达到高质量标准，减少产品缺陷和用户投诉。

（3）生产运营部

生产管理组：与生产制造合作伙伴沟通协调，负责产品的生产计划安排、生产进度跟踪、质量控制等工作。确保产品按时、按质、按量生产，满足市场需求。

供应链管理组：负责原材料和零部件的采购、供应商管理、库存管理等工作。优化供应链流程，降低采购成本，确保原材料和零部件的供应稳定性。

售后服务组：建立售后服务体系，负责处理用户的产品咨询、维修、更换、退货等售后问题。通过优质的售后服务，提高用户满意度和忠诚度。

（4）市场营销部

品牌推广组：制定品牌推广策略，负责公司的品牌形象设计、品牌传播、广告投放等工作。通过各种渠道提高品牌知名度和美誉度，塑造公司的品牌价值。

渠道拓展组：开拓线上线下营销渠道，包括电商平台、线下体验店、零售终端、合作伙伴渠道等。管理和维护营销渠道，提高产品的市场覆盖率和销售效率。

销售组：负责产品的销售工作，包括客户开发、客户关系管理、销售谈判、订单处理等。通过专业的销售技巧和服务，实现产品的销售收入增长。

（5）客户服务部

售前咨询组：为用户提供产品咨询服务，解答用户对产品功能、使用方法、适用人群等方面的疑问。根据用户需求推荐合适的产品款式和配置，协助用户完成购买决策。

售中协助组：确保用户在购买过程中的顺利进行，提供购买流程指引、支付方式选择、订单处理等服务。对于企业客户和机构客户，提供定制化的采购方案和合同签订服务。

售后支持组：处理用户在使用产品过程中遇到的问题，提供产品使用培训、故障排除、维修保养等服务。通过电话回访、在线问卷调查等方式收集用户反馈，改进产品和服务。

（6）人力资源部

负责公司的人力资源管理工作，包括人员招聘、培训与发展、绩效考核、薪酬福利等。确保公司拥有一支高素质、稳定的员工队伍，为公司的发展提供人才保障。

（7）财务部

负责公司的财务管理工作，包括财务预算编制、财务报表编制、成本核算、资金管理、税务筹划等。确保公司的财务状况清晰、健康，为公司的经营决策提供财务依据。

7.4 公司战略

1.市场定位战略

（1）目标客户群体

×××有限公司明确将老年群体作为智慧手杖的主要目标客户。这一群体随着年龄的增长，身体机能下降，需要借助辅助工具来保障出行安全与便利。而这部分人群通常有一定的消费能力，并且对生活品质有追求，愿意为能够提升生活质量的产品买单。例如，许多老年人喜欢在公园散步或者参加社区活动，智慧手杖能够满足他们在这些场景下的需求。

（2）差异化定位

与传统手杖相比，智慧手杖具有诸多独特功能，这是×××有限公司的差异化竞争优势。智慧手杖集成了诸如 GPS 定位、紧急呼叫、健康监测（如心率、血压监测）等功能。这些功能使它不仅仅是一个行走辅助工具，更是老年人的健康守护者和安全保障设备。通过这种差异化定位，×××有限公司能够在竞争激烈的手杖市场中脱颖而出，吸引那些对高科技辅助产品感兴趣的老年客户以及他们的子女。

2.产品开发战略

（1）技术研发投入

为了保持智慧手杖的先进性和竞争力，×××有限公司需要不断投入资金进行技术研发。例如，与科技企业合作或者组建自己的研发团队，专注于提升手杖的智能功能。像改进 GPS 定位的精准度，确保在复杂环境下（如高楼林立的城市区域或者偏远山区）也能准确找到老人的位置；优化健康监测功能，使数据更加准确、及时地反馈给使用者及其家人。

（2）功能拓展与升级

公司根据市场反馈和技术发展趋势，不断拓展智慧手杖的功能。例如，未来可以增加与智能家居系统的连接功能，当老人到家时，手杖可以自动与家中设备交互，如打开灯光、调节空调温度等。同时，要注重软件的升级，就像智能手机的系统更新一样，使智慧手杖的操作界面更加友好、功能更加完善。

3.营销战略

（1）渠道选择

在营销渠道方面，×××有限公司可以采用线下线上相结合的方式。线下，可以在老年人经常出没的场所进行产品推广，如老年活动中心、社区医院、药店等。在这些地方设置产品展示区，让老年人能够直观地体验智慧手杖的功能。线上，可以通过社交媒体、电商平台等进行推广。利用社交媒体平台分享老年人使用智慧手杖后的正面案例，吸引更多潜在客户；在电商平台上提供便捷的购买渠道，并且可以利用大数据分析对不同地区、不同消费习惯的客户进行精准营销。

（2）品牌塑造

打造一个关爱老年人、注重品质与科技的品牌形象至关重要。通过公益活动、赞助老年群体的文化活动等方式来提升品牌知名度和美誉度。例如，赞助老年书法比赛、广场舞比赛等，在活动现场展示智慧手杖的功能，让更多老年人及其子女了解这个品牌，从而建立起对品牌的信任和好感。

4.合作战略

（1）与医疗机构合作。×××有限公司可以与医疗机构建立合作关系。医疗机构能够为智慧手杖的健康监测功能提供专业的医学建议和数据解读，同时，公司可以将医疗机构的健康管理服务整合到智慧手杖的配套服务中。例如，当老人的健康数据出现异常时，手杖可以及时通知医疗机构，医疗机构则可以提供远程医疗咨询或者建议就医等服务。

（2）与科技企业合作。由于智慧手杖涉及多种高科技技术，与科技企业合作是必然的选择。科技企业可以为公司提供技术支持，如芯片制造、软件开发等。通过合作，×××有限公司可以快速获取最新的技术成果，加速产品的研发和升级进程，降低自身的研发成本。

5.竞争战略

（1）应对传统手杖企业竞争。面对传统手杖企业的竞争，×××有限公司要充分发挥智慧手杖的优势。一方面，强调智慧手杖的高科技附加值，如前所述的多种智能功能；另一方面，在价格策略上，可以根据产品的不同配置制定分层价格体系。对于一些基本功能的智慧手杖，可以以相对较低的价格吸引价格敏感型客户，而对于功能齐全、高端配置的产品，可以定位为高端市场，获取更高的利润。

（2）应对潜在新进入者竞争。随着科技的发展，可能会有更多企业涉足智慧手杖领域。×××有限公司要通过建立品牌壁垒、技术壁垒来应对潜在新进入者。在品牌方面，持续进行品牌建设和品牌推广，使自己的品牌在老年群体中深入人心；在技术方面，不断申请专利，保护自己的研发成果，并且持续投入研发，保持技术领先地位。

7.5 公司 LOGO

公司 LOGO 如图 7-3 所示。

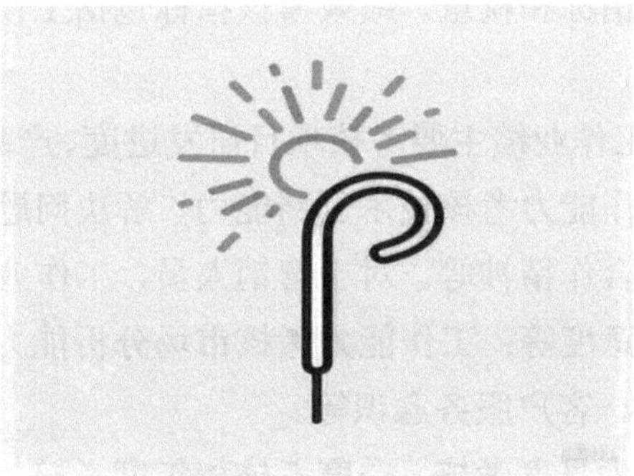

图 7-3　公司 LOGO

7.6 人力资源管理

1.人员招聘

根据公司的组织架构和业务发展需求，制订招聘计划。通过网络招聘平台、校园招聘、人才推荐等渠道，吸引优秀的人才加入公司。在招聘过程中，注重对应聘者的专业知识、工作经验、团队合作能力和创新精神的考察，确保招聘到符合公司要求的人才。

2.培训与发展

本公司建立了完善的员工培训体系，包括新员工入职培训、岗位技能培训、管理能力培训等。根据员工的岗位需求和职业发展规划，为员工提供有针对性的培训课程，提升员工的专业技能和综合素质。

新员工入职培训主要包括公司文化、规章制度、产品知识等方面的内容，帮助新员工快速了解公司，融入团队。岗位技能培训则根据员工所在岗位的特点，定期开展专业知识和操作技能的培训，确保员工能够胜任本职工作。对于有管理潜力的员工，提供管理能力培训，包括领导力、团队建设、项目管理等方面的课程，为公司培养后备管理人才。

鼓励员工自我提升，设立员工培训发展基金，对于参加外部培训课程或取得相关职业资格证书的员工给予一定的费用补贴。

3.绩效考核

本公司制定了科学合理的绩效考核体系，根据不同岗位的工作性质和职责，设定相应的考核指标和权重。绩效考核指标包括工作业绩、工作能力、工作态度等方面。

对于研发人员，工作业绩主要考核项目研发进度、产品技术指标达成情况、专利申请数量等；工作能力考核技术创新能力、解决问题能力等；工作态度考核工作积极性、团队合作精神等。对于营销人员，工作业绩考核销售业绩、市场拓展情况、客户满意度等；工作能力考核市场分析能力、销售技巧等；工作态度考核工作责任心、客户服务意识等。

绩效考核周期分为月度考核、季度考核和年度考核。月度考核主要用于日常工作的监督和反馈，季度考核和年度考核作为员工绩效奖金发放、薪酬调整、晋升等的重要依据。通过绩效考核，激励员工积极工作，提高工作效率和质量。

4.薪酬福利

本公司具有完善的薪酬福利体系，包括基本工资、绩效奖金、年终奖金、福利津贴等。基本工资根据员工的岗位、学历、工作经验等因素确定，确保员工的基本生活保障。绩效奖金与员工的绩效考核结果挂钩，根据员工的工作表现给予相应的奖励。年终奖金根据公司的经营业绩和员工的年度综合表现发放。

福利津贴包括五险一金、带薪年假、病假、节日福利、员工体检、员工旅游等。此外，为了吸引和留住优秀人才，还提供一些特殊福利，如员工持股计划、弹性工作制度、远程办公补贴等。通过完善的薪酬福利体系，提高员工的满意度和忠诚度，激发员工的工作积极性。

第8部分：财务计划

8.1 收入预测

1.收入的来源

（1）智慧手杖的销售：共3个版本，基础版299元、进阶版499元、豪华版899元，预计将通过线上（电商平台）、线下（实体店、批发商）等渠道进行销售。

（2）App会员收费：月度会员19.9元、季度会员49.9元、年度会员169.9元。

（3）健康团队服务：

a.需要24小时健康监测的用户，每月收费20元起。

b.上门康复服务，每次收费70元。

c.紧急就医绿色通道协调服务，收费从10元到100元不等。

（4）广告收入：配套App中接入老年人健康、生活品质相关的广告。

2.收入预测

第一年（研发与市场初期）：预计销售1500根智慧手杖，其中基础版500根、进阶版750根、豪华版250根。考虑到初期使用App服务的客户较少，预测30%的客户使用App服务，即450个客户，每个客户每月缴纳会员费为16元（取三种模式的平均值），考虑到产品上市应在研发成功后，使用月度按6个月计算。健康团队服务收入和广告收入，创业初期暂难实现，预计这两部分不产生收益。

第二年（市场推广期）：预计销售5000根智慧手杖，其中基础版1500根、进阶版2500根、豪华版1000根。考虑到产量扩大，单位成本降低的因素，基础版、进阶版和豪华版单价降至269元、469元、869元。推广期使用App服务的客户增加，预测50%的新增客户和原有80%的客户使用App服务，即2860

个客户，每个客户每月缴纳会员费为 16 元（取三种模式的平均值），使用月度按 12 个月计算。健康团队服务收入需和医疗团队合作，该项业务待收入扩大后开展。广告收入按照 App 收入的 10%计入。

第三年（销售增长期）：预计销售 10000 根智慧手杖，其中基础版 3000 根、进阶版 5000 根、豪华版 2000 根。考虑到产量扩大，单位成本降低的因素，基础版、进阶版和豪华版单价降至 229 元、429 元、829 元。增长期使用 App 服务的客户增加，推测 65%的新增客户和原有 70%的客户使用 App 服务，即 8502 个客户，每个客户每月缴纳会员费为 16 元（取三种模式的平均值），使用月度按 12 个月计算。健康团队服务收入按照主营业务收入的 5%计入。广告收入按照 App 收入的 10%计入，详见表 7-1。

表 7-1　收入预测表

	第一年	第二年	第三年
基础版销量/根	500	1500	3000
基础版单价/元	299	269	229
进阶版销量/根	750	2500	5000
进阶版单价/元	499	469	429
豪华版销量/根	250	1000	2000
豪华版单价/元	899	869	829
主营业务收入小计/元	748500	2445000	4490000
App 会员收入/元	43200	549120	1632384
健康服务收入/元	0	0	224500
广告收入/元	0	54912	163238.4
其他业务收入小计/元	43200	604032	2020122.4
总收入/元	791700	3049032	6510122.4

8.2 成本分析

成本包括研发费用、生产成本、营销与销售费用、管理费用等。初期阶段由于研发投入较高，生产成本较高，但随着生产规模的扩大，单位成本会有所下降。

1.研发费用

研发费用主要包括硬件研发费用、软件研发费用和研发人员工资，硬件包括手杖本身、传感器、摄像头、GPS 模块、电池等组件的成本；软件包括开发和维护软件的费用，包括设计用户界面、编写应用程序代码、测试和调试等。综上，第一年需要 100 万元，用于硬件研发、软件开发、技术测试等。考虑到后续业务扩展，App、健康服务等功能在软件研发上会继续产生费用，第二年按照 30 万元计入，第三年按照 50 万元计入。

2.生产成本

本公司采取与工厂合作的方式进行产品生产，预计三种智慧手杖的单位成本分别为 150 元、250 元和 450 元，产量按照当年销量的 1.2 倍进行生产，随着生产规模的扩大，预计单位成本逐年降低，详见表 7-2。

表 7-2　生产成本预测表

	第一年	第二年	第三年
基础版产量/根	600	1800	3600
基础版成本/元	150	120	100
进阶版产量/根	900	3000	6000
进阶版成本/元	250	220	200
豪华版产量/根	300	1200	2400
豪华版成本/元	450	420	400
生产成本合计/元	450000	1380000	2520000

3.营销与销售费用

主要包括广告、宣传活动、渠道合作、销售人员工资等，考虑到后续业务逐渐扩展，推广费用增加，预计第一年占总收入的 15%，第二年占总收入的 15%，第三年占总收入的 15%。

4.管理费用

主要是公司运营成本，包括管理人员工资、办公用品消耗、办公设备折旧、租赁费用、水电费等，租赁包括办公场所和仓库，第一年至第三年预计分别为 40 万元、45 万元和 55 万元，管理人员工资 20 万元/年，其余费用按照总收入的 5%计入。

表 7-3　成本分析表

	研发费用/万元	生产成本/万元	销售与市场推广费用/万元	管理费用/万元	总成本/万元
第一年	100	45	12	64	221
第二年	30	138	46	80	294
第三年	50	252	98	107	507

8.3 财务预测与投资回报

根据以上收入、成本的预测，项目的财务状况将在未来几年得到逐步优化。预计第二年开始实现盈利，投资回报率逐渐提高。

投资回报分析：假设投资人初期投入 250 万元（包括研发、生产、市场推广等），公司预计在第二年实现盈利，并逐步进入现金流正向增长的阶段，在第三年，公司将会弥补前期亏损。

表 7-4　投资回报表

	收入/万元	成本/万元	利润/万元	投资回报率/%
第一年	79	221	−142	−56.8
第二年	305	294	11	4.4
第三年	651	507	144	57.6

第 9 部分：风险管理与退出机制

9.1 风险分析

1.技术风险

智慧手杖涉及多技术融合，如定位、监测、通信等，技术兼容性与稳定性面临挑战，且技术迭代迅速，可能出现产品技术落后风险；数据安全与隐私保护要求高，一旦出现数据泄露事件，将对公司声誉与用户信任造成严重打击。

2.市场风险

市场接受度受老年人消费观念与经济水平制约，且竞争激烈，新进入者与替代品抢占市场份额的现象时有发生；市场需求受人口老龄化速度、政策法规变化等宏观因素影响较大，具有不确定性。

3.法规风险

产品因涉及医疗健康监测功能，须严格遵循医疗器械法规与数据安全法规要求，法规政策的变动可能导致产品合规成本增加、研发与上市周期延长的风险。

4.资金风险

研发投入大、生产周期长、市场推广费用高可能导致资金链紧张。若融资渠道不畅或资金回笼缓慢，公司可能面临资金短缺困境，影响正常运营与发展。

5.运营风险

供应链管理难度大，硬件零部件供应的稳定性、质量把控以及成本波动都可能影响产品生产与交付；健康团队服务的质量标准化与人员管理也是挑战，若服务质量不够高，可能导致用户满意度下降。

9.2 风险管控措施

1.技术风险管控

建立技术研发实验室，储备核心技术人才，加强技术研发与测试，定期进行技术更新与升级，参与行业技术标准制定，提高技术壁垒；投入资源、构建数据安全防护体系，采用加密技术、访问控制等手段保障数据安全与隐私。

2.市场风险管控

加强市场调研，深入了解老年人需求与市场趋势，精准定位目标客户群体，制定针对性营销策略；突出产品差异化竞争优势，持续创新产品功能与服务，提高用户体验与品牌忠诚度；关注宏观政策与市场动态，及时调整战略布局。

3.法规风险管控

成立法规事务部，密切关注政策法规变化，建立合规管理体系，确保产品从研发到销售全流程符合法规要求；加强与监管部门沟通交流，积极参与行业协会活动，及时获取政策信息与指导。

4.资金风险管控

制定合理的财务预算与资金计划，优化资金使用效率；拓展多元融资渠道，如股权融资、债权融资、政府扶持资金等；加强应收账款管理，提高资金回笼速度，合理控制库存与成本。

5.运营风险管控

与优质供应商建立长期稳定合作关系，签订供应合同保障零部件供应稳定性与质量，定期评估供应商并建立备选供应商机制；建立健全团队服务质量标准与培训体系，加强人员绩效考核与管理，确保服务质量一致性与专业性。

9.3 资金退出方式

1.股权转让

在公司运营3—5年后，寻求战略投资者或同行业企业进行股权转让，根据公司发展状况与市场估值转让部分股权，获取资金用于拓展新业务或股东分红。

2.公司上市

满足上市条件后，公司可以在主板或创业板上市。通过公开发行股票募集资金，股东可在限售期后逐步减持股份实现退出。

3.清算退出

若公司连续亏损且扭亏无望，或因不可抗力无法继续运营，启动清算程序，按照法定顺序清偿债务后，剩余资产按股权比例分配给股东。

案例 2：第 23 届中国 MBA 创业大赛创业计划竞赛商业计划书 智慧共享运动车骑行平台

项目负责人：李桂斌
团队成员：王聪洁、赵栋林、郭庆坦
指导老师：初汉芳

第 1 部分：项目概要

1.1 项目介绍

智慧共享运动车骑行平台项目旨在打造一个集多功能、智能化、便捷性于一体的共享运动骑行服务平台，以满足不同用户群体在骑行方面的多样化需求，并通过创新的商业模式实现商业价值的最大化。

1.2 产品功能

智能硬件：智能运动单车、车辆定位、智能锁控、健康监测采集、双目采集器等。

软件功能：车辆租赁、路线规划、实时导航、健康监测、社交分享、骑行数据记录与分析、赛事与活动组织、周边服务推荐。

增值服务：智能语音打卡服务、体重健身管理服务。

1.3 市场机会

随着人们生活水平的提高，对健康生活方式的追求日益凸显，随着运动骑行热潮的兴起，骑行作为一种绿色、健康、环保的有氧运动，越来越受到人们的青睐。同时，社交媒体的兴起也推动了运动骑行的流行。

智能硬件和移动互联网的普及，为平台的发展创造了良好的技术环境和庞大的用户基础。全球自行车市场规模逐年增长，智慧骑行作为自行车行业与科技深度融合的新兴领域，市场潜力巨大，预计未来几年将迎来快速发展期。

政府对绿色出行的支持力度不断加大，出台了一系列鼓励和扶持政策，这为平台的发展提供了政策机遇。2024 年 6 月，由国家卫生健康委等 16 个部门发布的《“体重管理年”活动实施方案》强调营造体重管理社会支持性环境，鼓励开展多种形式的全民健身活动。其中提到鼓励开发具备相关功能的移动应用程序，促进体重管理日常化、便利化、规范化。

智慧共享运动车骑行平台响应国家政策，可以为人们提供便捷的骑行运动方式，满足政策对增加运动、加强体重管理的要求，同时通过平台宣传健康骑行与体重管理的知识，引导公众树立正确的健康观念，符合政策中利用信息技术创新体重管理模式的方向。

1.4 市场营销

平台目标市场聚焦于骑行爱好者等群体，打造独特的品牌形象，强调轻松游玩、健康骑行、便捷共享的理念，通过线上线下渠道进行品牌推广，提升品牌知名度和美誉度。

1.5 商业模式

平台通过向用户收取智能自行车以及相关配件租赁费用来获得收入，同时通过广告植入、软件增值服务、数据销售、自行车及智能配件销售、会员服务等扩大收入来源。

1.6 管理团队

公司拥有一批团结、务实、高效、具有很强开拓精神的领导集体，他们在对科技的理解和把握上，在市场开发、公司管理上，在产品研发、经营销售、公共关系等方面具有一定的知识和丰富的经验，他们的领导确保了公司的长远发展。

1.7 资金来源

预计项目成立初需要启动资金 500 万元，主要用于车辆采购、平台研发、市场推广、运营管理等方面。

公司在创业初期由团队成员自筹资金 100 万元，吸引风险投资 150 万元，向银行短期借款 100 万元（一年期）以保证现金流，长期借款 150 万元（三年期）以缓解企业运营初期的资金问题。

1.8 收入预测

预计第一年投放车辆 1000 辆，每辆车每天平均使用次数为 3 次，每次使用费用为 6 元，年收入为 657 万元。

随着业务的拓展和市场占有率的提高，预计未来 3 年内，每年车辆投放数量和使用次数将以 20%的速度增长，收入也将相应增加。

第 2 部分：产品与服务

2.1 产品概述

智慧共享运动车骑行平台定位为依托先进的物联网、大数据、人工智能等技术，整合运动骑行相关资源，涵盖运动自行车及配套装备租赁、骑行路线规划、健康数据监测、社交互动以及赛事活动等多个功能板块，为用户提供全方位、个性化的智慧运动骑行体验，成为骑行爱好者及景区游客游玩骑行的首选平台。

平台核心组成部分涵盖智能硬件以及软件系统两大部分。在智能硬件方面，主要包含智能自行车、智能锁、各类传感器等设备。其中，智能自行车采用了当下先进的材料及制造工艺，不仅具备优良的骑行性能，还配备了智能锁、传感器以及显示屏等高科技设备。通过这些设备，智能自行车能够实现车辆的精准定位，让用户随时随地知晓车辆所在位置；智能锁控功能，用户可以借助手机 App 远程控制车辆的开锁与关锁，极大地提高了车辆使用的便捷性与安全性；同时，其内置的心率传感器、速度传感器、里程传感器等监测设备，能够实时捕捉用户在骑行过程中的各项健康数据，比如心率变化、骑行速度以及骑行里程等；而且，用户还可以轻松地将自己的骑行轨迹、拍摄的照片、录制的视频等通过智能采集设备关联到手机端，进而分享到各大社交平台，实现社交互动功能。

软件系统则由骑行 App、后台管理系统以及数据分析平台共同构成。骑行 App 作为用户与平台交互的核心工具，提供了丰富多样的功能。例如，它能依据用户的出行目的、时间安排以及个人偏好等因素，为用户量身定制个性化的路线规划服务，涵盖最短路线、风景最美路线以及最为安全的骑行路线等不同选择；具备实时导航功能，无论用户身处何方，都可以通过 App 清晰地查看自己的实时位置以及行驶方向，有效避免迷路情况的发生；可以实时监测用户在骑行过程中的健康数据，并基于这些数据为用户提供专业的健康建议以及详细的分析报告；此外，还支持用户将自己的骑行精彩瞬间分享至社交平台，与朋友们互动交流，同时也提供便捷的车辆租赁服务，用户只需在 App 上简单操作，即可在线预订心仪的车辆，轻松开启骑行之旅。后台管理系统和数据分析平台则主要为平台的整体运营提供强有力的支撑，它们能够实现对车辆的全方位管理，包括车辆的投放、调度、维修等；对用户信息及使用权限进行有效管理；对订单的生成、处理、结算等流程进行管控；并且通过对海量用户骑行数据的深度分析，为平台优化服务、精准营销等决策提供数据依据。

2.2 产品目标

我们希望成为国内领先的智慧共享运动骑行自行车平台，为用户提供更加优质的骑行体验，帮助用户养成健康的生活习惯，为城市的环境保护和居民的生活质量提升作出贡献。

短期目标：选择一个目标城市或大型休闲景区建立一定规模的智慧共享运

动骑行自行车网络，提高品牌知名度和市场占有率。

中期目标：不断优化产品和服务，拓展市场范围，实现盈利。

长期目标：成为国内领先的智慧共享运动车骑行平台，为用户提供更加优质的骑行体验。

预期的商业价值体现为通过收取运动自行车租赁费用、广告投放收入、赛事活动报名费、与合作商家的分成以及用户数据增值服务等多元化盈利渠道实现盈利。此外，借助平台的社交属性与优质服务，不断积累用户资源，提升品牌影响力，进一步拓展业务版图，构建可持续发展的商业生态体系，在智慧运动骑行领域占据重要市场份额。

2.3 产品功能

2.3.1 智能硬件功能

（1）智能运动单车

智能运动单车是融合物联网、AI 算法和运动科学的技术密集型健身运动自行车。通过联合国内运动自行车厂家，充分利用物联网与传感器技术实时监测骑行速度、心率及踏频等数据，为用户户外骑行提供智能化的单车设备。

（2）可拆卸智能码表

联合硬件厂家，共同研制基于低功耗蓝牙技术的智能码表。通过码表实现与车上或用户身上多种设备对接，实时接收北斗定位、踏频传感器、心率腕带等各类传感器数据，又能同步连接踏频传感器、心率带及功率计等多类型设备，骑行者可通过显示屏实时聚合显示速度、心率、导航等关键信息，本地存储模块可缓存数十小时骑行数据确保断网时数据的连续性，内部搭载双模定位系统，同时通过手机 App 和设备实现骑行轨迹可视化、健康数据分析及设备硬件远程升级。智能码表安装位置如图 7-4 所示。

图 7-4　智能码表安装位置示意图

（3）车辆定位

借助先进的 GPS 全球定位系统和北斗定位系统，智能硬件能够实时获取车辆的精确位置信息，并将其传输至平台服务器，用户只需打开与之配套的骑行 App，便可随时随地查看车辆所在位置，方便在出行前快速找到车辆，或是在行程结束后准确知晓车辆停放地点，这一功能对于共享骑行服务以及防止车辆丢失等方面都有着重要意义。

（4）智能锁控

采用先进的电子锁技术，通过与手机 App 的无缝连接，用户可以远程控制车辆的锁具开启与关闭。例如，当用户预订了一辆共享智能自行车后，在抵达车辆停放点时，无须手动输入密码或者使用传统钥匙，直接在 App 上操作即可解锁用车；使用完毕后，同样在 App 上点击还车并锁车指令，就能轻松完成还车流程，不仅操作便捷，而且大大提高了车辆的安全性，避免了传统机械锁易被撬等安全隐患。

（5）健康监测采集

配备了多种类型的传感器，如心率传感器能够实时监测用户在骑行过程中的心率变化，帮助用户掌握自己的运动强度，避免过度运动造成身体不适；速度传感器可以精确记录骑行的实时速度，让用户了解自己的骑行状态；里程传感器则会统计骑行的里程数，方便用户知晓自己的骑行距离以及运动量。这些健康监测数据会同步至骑行 App 上，用户可以随时查看自己的历史健康数据，进行对比分析，以便更好地调整骑行计划和锻炼强度。

（6）双面采集器

通过智能双面采集器设备与骑行 App 相互配合，使用户能够便捷地在网红地进行语音打卡或手动打卡，并将自己打卡拍摄的沿途风景照片、记录的精彩骑行视频等内容保存到平台，为用户通过平台分享到平台内部社交圈或诸如微信、微博、抖音等主流社交平台提供素材。

2.3.2 软件系统功能

（1）车辆租赁

在平台上整合众多的自行车资源，无论是个人闲置的智能自行车，还是专业运营的共享自行车车队，都可以通过车辆租赁服务进行统一管理和调配。用户只需打开 App，就能查看附近可供租赁的车辆信息，包括车辆的类型（如山地车、公路车等）、车况、租赁价格等内容，然后根据自己的需求进行在线预订，选择租赁时长（按小时、天、周等不同时间），完成支付后即可前往取车点取车使用，整个过程简单快捷，无须烦琐的线下手续，为用户提供了极大的便利。

（2）路线规划

考虑到用户在不同场景下的出行需求差异，软件服务中的路线规划功能具备高度的个性化特点。例如，对于上班族来说，时间较为紧张，可能更倾向于选择最短路线，以确保能够快速到达目的地；而对于周末休闲骑行或者外地游客来说，他们或许更希望骑行路线能够途经当地的著名景点、风景优美的区域，此时软件就会为其规划出最美路线；另外，针对一些对路况安全性要求较高的用户，特别是亲子骑行或者骑行新手，软件会优先推荐车流量少、道路状况良好的最安全路线。同时，在规划路线时，还会综合考虑实时交通信息、道路施工情况等因素，确保为用户提供的是切实可行且最优的路线。

（3）实时导航

提供精准的实时导航服务，在骑行过程中，用户通过骑行 App 的界面，能够清晰地看到自己所在的位置、行进的方向以及距离下一个路口、转弯处等关键节点的距离，并且会有语音提示进行引导，比如在需要转弯时提前提醒用户

“前方 50 米右转”等，即使在复杂的道路环境或者陌生的区域，也能帮助用户准确无误地沿着规划好的路线前行，避免迷路情况的发生，保障骑行的顺畅性。

（4）健康监测

除了智能硬件设备对健康数据进行采集外，软件服务会进一步对这些数据进行深度分析和处理。比如，根据用户的心率数据，结合其年龄、性别等个人信息，判断用户当前的运动强度是否适宜，给出相应的健康建议，像提示用户“您当前心率较快，建议适当放慢骑行速度，调整呼吸”；依据骑行的速度、里程等数据，分析用户的运动消耗情况，为用户制订合理的运动目标和计划；同时，还能生成周期性的健康报告，展示用户在一段时间内的骑行健康数据变化趋势，帮助用户更好地了解自己的身体状况和运动效果。

（5）社交分享

用户在骑行 App 内可以方便地管理自己的社交分享内容，选择要分享的照片、视频以及骑行轨迹等信息，一键分享至多个社交平台。而且，为了增加分享的趣味性和吸引力，App 还提供了一些个性化的编辑功能，例如添加滤镜、字幕、特效等，让分享的内容更加精彩。同时，用户可以关注其他骑行好友，查看他们的骑行动态、分享内容，进行点赞、评论、转发等互动操作，还能参与平台组织的各类骑行社交活动，如线上骑行挑战赛、线下骑行聚会等，进一步增强用户之间的社交联系和对平台的黏性。

（6）骑行数据分析

平台具备骑行数据记录与分析功能，能够实时收集并展示丰富骑行数据和骑行行为分析，涵盖骑行时长、骑行功率、心率、骑行轨迹、骑行里程等多个关键指标。通过安装在自行车上的各类传感器（如心率监测传感器、功率计、GPS 定位模块等）以及与用户佩戴的智能穿戴设备（如智能手表、运动手环等）进行数据互联，精准获取相关数据信息，并实时传输至平台。

在展示方面，用户可以通过手机端的个人账号界面，清晰直观地查看每一次骑行的详细数据记录，包括骑行过程中的各项指标变化曲线、不同路段的骑行速度等信息。同时，平台还会根据这些数据进行深度分析，为用户生成个性化的骑行报告，帮助用户了解自己的骑行状态、体能变化情况以及运动效果等。

例如，用户在一段时间内的骑行功率呈现逐渐上升趋势，平台会提示用户骑行能力有所提升，并可基于数据分析结果，为用户推荐更具挑战性的骑行路线或训练计划；若发现用户的心率在某次骑行中长时间处于过高区间，平台会提醒用户适当调整骑行强度，避免过度疲劳或运动风险。

此外，这些骑行数据对于平台的运营也具有重要价值，平台运营团队可以依据大数据分析用户的骑行习惯、热门骑行路线、高峰使用时段等信息，进一步优化平台功能、调整车辆投放布局、策划针对性的运营活动，提升平台的整体服务质量和运营效率。

（7）赛事活动

平台将定期举办各类线上线下骑行赛事与活动，满足不同用户的参与需求，丰富用户的骑行生活。

在线上赛事方面，平台会提前发布赛事信息，包括比赛时间、规则、参赛要求等详细内容，用户可以通过平台直接进行报名参赛。比赛过程中，平台将实时记录并展示参赛用户的骑行数据，如骑行速度、里程、用时等，方便用户了解自己的比赛进度以及与其他选手的差距。同时，场外用户也能够通过平台为参赛选手加油助威，参与投票、助力、竞猜等互动环节，例如竞猜比赛的冠军选手，猜对的用户可获得相应的奖品或积分奖励，以此增加赛事的趣味性和吸引力，提升平台的活跃度。

线下赛事与活动则更加注重现场体验和互动交流，平台会选择风景优美、路况适宜的骑行路线作为比赛场地，组织专业的赛事执行团队，确保比赛的安全、公平、有序进行。活动现场除了紧张激烈的比赛环节外，还会设置骑行技巧展示、骑行装备展销、亲子骑行体验等丰富多彩的配套活动，让不同年龄段、不同骑行水平的用户都能参与其中，享受骑行带来的乐趣。

无论是线上还是线下的赛事活动结束后，平台都会及时发布成绩榜单，对表现优秀的选手进行表彰和奖励，为其颁发荣誉证书、奖品或者专属的勋章标识等，同时也会生成精彩回顾内容，以图文、视频等形式展示赛事活动的精彩瞬间，方便用户在平台上进行查看和分享，进一步扩大赛事活动的影响力，吸引更多用户参与到平台举办的各类活动中来。

（8）周边服务

平台将借助定位技术以及大数据分析，根据用户所在的地理位置，精准推荐周边的各类相关服务信息，为用户提供一站式的出行便利。

在餐饮方面，平台会筛选出距离用户较近的餐厅、小吃摊等，按照用户评价、菜系类型、营业时间等因素进行排序推荐，方便用户在骑行途中解决用餐问题；住宿推荐功能则适用于长途骑行或旅游骑行的用户，为其提供周边酒店、民宿的详细信息，包括价格、房型、用户评分等，帮助用户快速找到合适的休息场所。

对于骑行过程中可能出现的车辆故障等突发情况，平台会实时显示附近的自行车维修站点位置、联系方式以及营业时间等信息，确保用户能够及时获得维修服务，继续行程。同时，平台还会推荐周边的便利店、超市、药店等生活服务场所，满足用户在骑行过程中的其他日常需求。

通过周边服务推荐功能，用户无须再花费时间和精力去自行搜索周边的服务设施，平台能够主动、精准地为其提供所需信息，让用户的骑行出行更加顺畅、便捷，提升整体的骑行体验。

2.3.3 增值服务功能

（1）智能语音打卡服务

在特定的骑行路段，如网红打卡路段、风景优美的观光路线等，平台将结合小程序与采集器实现智能语音服务功能。用户在骑行过程中，只需说出相应的语音指令，即可享受便捷的个性化服务。

例如，当用户骑行至一处网红打卡点时，通过语音指令“拍照打卡”，平台便会自动触发安装在附近的采集器设备，为用户拍摄高清照片或录制短视频，并且可以根据用户预设的要求（如添加滤镜、配上音乐等）进行简单编辑，生成专属的骑行纪念内容；若用户想要了解当前所在景点的相关介绍，只需说出 “介绍一下这里”，平台就能通过语音播报为用户提供详细的景点历史文化、特色亮点等信息，让用户在骑行过程中不仅能欣赏美景，还能深入了解其背后的故事，增添骑行的趣味性和文化内涵。

此外，智能语音服务还可用于骑行导航、骑行状态查询等方面，用户无须手动操作手机，通过语音指令 “导航到××地点”“查看我的心率”等，就能获取相应的服务反馈，极大地提高了骑行过程中的便捷性和安全性，使用户能够更加专注于骑行体验本身。

（2）体重健身管理服务

平台提供各类接口对接功能来整合自行车生产企业、运动装备商家、健身机构等社会资源，为用户提供更全面的服务和支持。例如，与自行车企业合作推广适合运动的自行车产品和骑行知识，与健身机构合作提供专业的骑行指导和体重管理方案等，实现社会资源的优化配置，共同助力体重管理目标的达成。

另外，用户通过平台及相关智能设备记录骑行里程、时间等数据并生成个性化运动报告，依用户体重管理目标制订骑行计划并动态调整，结合运动数据提供饮食知识科普与个性化饮食建议，还借助平台上的社交互动和打卡挑战、成就勋章等激励机制，助力用户实现体重管理目标。

2.4 产品优势

2.4.1 整合性

平台打破了传统骑行服务中智能硬件与软件服务相互割裂的局面，将两者进行深度整合，形成了一个有机的整体。用户无须在多个不同的设备和应用之间来回切换操作，只需通过一个骑行 App，就能轻松实现对智能自行车等硬件设备的控制、获取骑行相关的各种服务以及进行社交互动等功能，真正为用户提供一站式的骑行解决方案，让骑行变得更加便捷、高效。例如，用户在出门前可以在 App 上预订好车辆，查看规划好的骑行路线；骑行过程中，依靠智能硬件实时收集健康数据并同步到 App 上进行分析，同时利用 App 的导航功能准确前行；骑行结束后，又能通过 App 将自己的骑行经历分享出去，整个过程一气呵成，所有需求都能在平台上得到满足。

2.4.2 社交互动性

区别于传统骑行方式较为单一、缺乏社交元素的特点，本平台高度注重社交互动功能的打造。用户可以在平台上轻松地与身边的朋友或者来自全国各地的骑行爱好者建立社交联系，分享自己的骑行故事、照片、视频以及骑行数据等内容，互相交流骑行经验、技巧和心得，还能一起参与平台举办的各类线上线下骑行活动，如组队骑行挑战、骑行打卡竞赛等。通过这种社交互动，不仅增加了骑行的趣味性，让用户在骑行过程中不再感到孤单，同时也能够激发用户的参与热情，提高用户对平台的忠诚度和黏性，吸引更多的人加入智慧骑行的大家庭中来。

2.4.3 数据分析

平台依托强大的数据分析平台，能够对海量的用户骑行数据进行深入挖掘和分析。通过收集用户的骑行路线、骑行时长、骑行速度、心率变化、不同时间段的骑行频率等多维度数据，运用专业的数据分析算法和模型，可以精准地描绘出用户的骑行画像，了解用户的骑行习惯、偏好以及身体状况等信息。基于这些分析结果，一方面可以为用户提供个性化的健康建议，例如提醒用户根据自身身体状况合理调整骑行强度、建议适合的骑行路线等；另一方面，平台也能够据此优化服务内容和产品功能，进行精准的营销推广，比如向经常参与长途骑行的用户推荐性能更优的长途骑行装备，向喜欢在特定区域骑行的用户推送该区域周边的美食、景点等相关信息，从而提升用户体验，更好地满足用户的需求。

2.4.4 可持续性

在当今倡导绿色出行、保护环境的大背景下，平台积极响应并践行可持续发展理念。骑行作为一种零排放、无污染的绿色出行方式，本身就对减少汽车尾气排放、缓解城市交通拥堵等方面有着积极的作用。平台通过提供便捷、有趣的骑行服务，鼓励更多的用户选择骑行作为日常出行或者休闲锻炼的方式，从而在更大范围内推广绿色出行理念，为改善城市环境、建设生态友好型社会贡献力量。例如，在城市中，越来越多的上班族选择骑智能自行车上下班，不仅减少了对公共交通的依赖，也降低了机动车的使用频率，使得城市的空气质量得到一定程度的改善，交通压力也有所缓解，实现了个人健康出行与环境保护的双赢局面。

第 3 部分：市场机会与竞争分析

3.1 市场需求

3.1.1 健康环保意识推动骑行需求增长

随着人们生活水平的提高，对健康生活方式的追求日益凸显。骑行作为一种健康、环保、便捷的出行方式，能够在锻炼身体的同时，减少对环境的污染，契合当下人们的生活理念，因而越来越受到人们的青睐。无论是日常通勤、周末休闲还是长途旅行，选择骑行的人群规模都在不断扩大。例如，在城市中，很多上班族开始放弃开车或者乘坐公共交通，选择骑自行车上下班，既能避开交通拥堵，又能在途中锻炼身体；在节假日，各个风景优美的郊外、乡村道路上，骑行爱好者的身影也随处可见。

3.1.2 智能技术普及提供发展基础

智能硬件和移动互联网的普及，为平台的发展创造了良好的技术环境和庞大的用户基础。如今，智能手机几乎人手一部，人们对于各类基于移动互联网的应用程序已经非常熟悉且依赖度高。智能硬件设备如智能自行车、智能骑行平台、智能穿戴设备（心率监测手环等）等不断涌现且价格逐渐亲民，它们能够实时收集骑行相关的数据，如骑行速度、距离、心率等，这些数据通过与手机端应用的连接，可以为骑行者提供更科学、个性化的骑行体验。比如，骑行者可以通过手机上的平台查看自己每次骑行的详细数据，了解自己的运动状态和健康状况，进而合理调整骑行计划。

3.1.3 政策支持助力绿色出行发展

城市交通拥堵和环境污染问题日益严重，已成为制约城市可持续发展的重要因素。在此背景下，政府对绿色出行的支持力度不断加大，出台了一系列鼓励和扶持政策，这为平台的发展提供了政策机遇。例如，许多城市规划建设了专门的自行车道，保障骑行者的路权和安全；部分地区还对共享单车、共享电单车等绿色出行项目给予补贴或者优惠政策，引导市民选择低碳出行方式。同时，一些大型活动也倡导绿色出行理念，带动了骑行氛围的营造，进一步激发了人们参与骑行的热情，从而扩大了平台的潜在市场需求。

体重管理年行动政策强调营造体重管理社会支持性环境，鼓励开展多种形式的全民健身活动。其中提到鼓励开发具备相关功能的移动应用程序和小程序，促进体重管理日常化、便利化、规范化。共享运动骑行平台可以为人们提供便捷的骑行运动方式，满足政策对增加运动、加强体重管理的要求，同时也符合政策中利用信息技术创新体重管理模式的方向。

3.2 市场规模

3.2.1 全球自行车市场稳步增长

据统计，全球自行车市场规模逐年增长，无论是传统自行车还是新兴的电动自行车、智能自行车等，都呈现出良好的发展态势，预计未来几年将继续保持增长态势。从消费市场来看，不同类型的自行车满足了不同人群的需求，如儿童自行车市场随着家庭对儿童户外运动重视程度的提高而不断扩大；山地自行车、公路自行车则深受骑行爱好者的喜爱，用于各类竞赛、长途骑行等活动。而且，随着国际间贸易的发展，自行车的出口和进口业务也较为活跃，进一步推动了全球自行车市场规模的增长。

3.2.2 智慧骑行市场潜力巨大

随着新材料、新工艺、智能硬件等技术的不断创新和应用，推动自行车产业向更高品质、更个性化、更智能化的方向发展。智慧骑行作为自行车行业与科技深度融合的新兴领域，市场潜力巨大，预计未来几年将迎来快速发展期。

一方面，现有的骑行群体对于提升骑行体验、增加骑行趣味性和功能性的智慧骑行产品和服务需求旺盛，比如他们希望通过平台能够更便捷地规划骑行路线、与其他骑行者交流互动、参与线上线下的骑行赛事等。

另一方面，越来越多原本不骑行的人群，在智慧骑行概念的吸引下，也开始尝试参与骑行活动，从而不断扩充智慧骑行市场的规模。最新数据显示，2024 年全国骑行人口较上年增长近 30%，预计 2025 年自行车骑行市场将继续保持快速增长。

3.3 市场竞争

3.3.1 基于五力模型的市场竞争分析

（1）现有竞争者

目前骑行市场上主要的竞争对手有三大类。第一类是已经存在的一些共享单车品牌，如青桔、哈啰、美团单车等，第二类是部分景区自营的租赁骑行车，第三类是已经开始布局租赁服务的运动自行车厂商。这些竞争对手在市场份额、品牌知名度、资金实力等方面具有一定的优势。

（2）潜在进入者

科技公司：一些科技公司拥有先进的技术和强大的研发能力，可能会进入共享运动自行车市场。它们可以利用技术优势，开发出更智能、更便捷的共享自行车系统，提升用户体验，对现有企业构成威胁。

传统自行车企业：传统自行车企业在自行车制造和供应链管理方面具有丰富的经验和优势。随着共享经济的发展，一些传统自行车企业可能会转型进入共享运动自行车市场，利用自身的生产优势降低成本，提高竞争力。

（3）替代品威胁

共享电动车在行驶速度和续航里程方面具有优势，目前共享电动车厂商大部分未在城郊景区进行布点，后续随着市场开发，共享电动车厂商可能会跟进布局，对共享运动自行车形成了一定的替代威胁。

（4）供应商议价能力

自行车制造商：共享运动自行车市场的快速发展带动了自行车制造业的发展，市场上有众多的自行车制造商可供选择。因此，自行车制造商的议价能力相对较弱，共享运动自行车企业在采购自行车时具有一定的议价优势。

智能锁等零部件供应商：智能锁、控制器、传感器等零部件是共享运动自行车的重要组成部分，这些零部件的供应商相对较为集中，技术含量较高。在一定程度上，供应商具有一定的议价能力，但随着市场竞争的加剧和技术的不断发展，共享运动自行车企业也有更多的选择空间。

（5）购买者议价能力

用户选择多样化：由于市场上存在多家共享骑行企业，用户在选择使用时具有较多的选择。用户可以对价格、车辆质量、服务等因素进行比较，选择最适合自己的共享骑行品牌。因此，用户的议价能力相对较强，企业需要不断提升产品和服务质量，以吸引和留住用户。

价格敏感度高：共享运动自行车的用户主要是休闲游客和学生等群体，他们对价格较为敏感。在市场竞争激烈的情况下，用户往往会选择价格更优惠的共享自行车品牌，这也促使企业不断优化价格策略，提高性价比。

3.3.2 市场上现有产品功能局限

目前，市场上已经存在一些骑行类 App 和智能自行车品牌，但大多数产品骑行范围以城区中心为主，且功能相对单一，缺乏整合性和社交互动性。部分骑行 App 仅仅具备简单的路线规划功能，或者只能记录骑行数据，却无法与其他骑行相关的服务进行有效的整合；而一些智能自行车虽然配备了如智能锁、定位等基础功能，但在骑行健康监测、骑行社交等方面的拓展不足，难以满足用户多元化的需求。例如，有些骑行者想要在骑行过程中实时分享自己的位置、照片、感受等信息给好友，或者参与线上的骑行挑战、组队活动等，现有的很多产品都无法很好地实现这些功能。

3.3.3 平台的差异化竞争优势

平台将通过整合先进的技术和服务，打造一个综合性的骑行生态系统，与传统骑行产品形成差异化竞争。该平台不仅能够集成多种智能硬件设备，实现数据的互联互通，还能提供涵盖自行车租赁、路线规划、健康监测、社交分享、赛事组织等全方位的功能。例如，用户可以在平台上一键租赁附近的智能运动自行车，根据自己的喜好和身体状况规划出个性化的骑行路线，在骑行过程中实时监测心率等健康数据，同时将骑行的精彩瞬间分享到社交平台上，与其他骑行者互动交流，甚至还能报名参加平台举办的各类骑行赛事，获取荣誉和奖品。通过构建这样完整且丰富的骑行生态，平台能够吸引更多用户，提升用户黏性，在激烈的市场竞争中脱颖而出。

第 4 部分：市场营销

4.1 目标市场

相较于其他运动方式，骑行爱好者更钟情于骑行这种可以亲近大自然、感受沿途风景变化的户外运动。无论是城市的大街小巷，还是郊外的青山绿水，都能看到他们骑行的身影。

平台通过提供高品质的运动自行车和便捷的服务，为用户提供更加优质的骑行体验，让其可以通过骑行来亲近大自然、感受沿途风景变化，享受健康、快乐的生活。

（1）爱好骑行的城市居民和大学生

爱好骑行的城市居民和大学生是一群对骑行运动充满热情，将骑行作为业余生活重要组成部分的群体。这个群体虽然也喜爱骑行，但相对来说，骑行更多是作为业余生活中的一种放松和锻炼方式，投入的时间、精力和费用会少一些。因为资金或骑行频率的原因，他们一般不会购买运动自行车，而是购买一辆基本能满足日常骑行需求的自行车或租赁共享单车进行骑行。他们享受骑行带来的乐趣，又不想过多投入资金，对于一些辅助装备，像头盔、专业骑行手套等也是可有可无，更多是抱着一种随性参与的态度，有空的时候就去骑一骑，没有将其作为生活的核心关注点。

平台针对这一群体，能够提供丰富多样的专业骑行装备选择，比如高性能的智能运动自行车、专业的骑行头盔、手套等，满足他们在骑行装备上的体验需求。并且，平台还可以根据个人的骑行习惯、体能状况等因素，为其定制个性化的服务，像专属的训练计划、符合个人偏好的骑行路线推荐等，让骑行爱好者能够更好地享受骑行带来的乐趣。

（2）城郊周边大型旅游休闲景区的游客

城郊周边的大型自然旅游休闲景区游客同样是平台的重要目标市场。这些景区里面爱好亲近大自然的游客是平台的目标客户，目前骑行已经成为一种热门的游览方式，游客们渴望通过骑行深入体验当地的风土人情、欣赏自然风光。这是因为一方面大型自然景区范围较大，游客如果徒步行走，旅游时间较长较累，而乘坐景区内的观光车费用高且无法深入体验沿途的自然风光，骑行游玩对他们来说是一种更好的游玩方式。

平台针对旅游景区量身打造智能骑行解决方案，比如在景区内设置智能租赁点，方便游客随时租还自行车；通过平台为景区规划特色骑行路线，将各个景点串联起来，让游客既能欣赏美景，又能避免错过重要景点；同时，借助平台的社交互动功能，游客可以在骑行过程中随时分享自己的游玩经历，吸引更多人前来体验，进而提升景区的服务质量和游客的整体游玩体验，为景区带来更多的人气和口碑。

4.2 营销策略

4.2.1 品牌建设策略

打造独特的品牌形象，强调轻松游玩、健康骑行、便捷共享的理念。

设计统一的品牌标识、车辆外观和宣传物料，提高品牌辨识度。

通过线上线下渠道进行品牌推广，提升品牌知名度和美誉度。

4.2.2 产品策略

在产品策略方面，平台将秉持持续创新和以用户体验为核心的理念，不断推出新的产品和服务，以满足用户日益多样化的需求和期望。

一方面，高度重视产品质量和用户体验，从智能硬件的稳定性、耐用性到软件界面的友好性、操作的便捷性等各个环节严格把关，确保用户在使用平台的过程中能够感受到舒适、流畅和安全。例如，在硬件方面，选用高品质的材料制作的运动自行车及相关配件，保证其能够经受住不同环境和使用强度的考验；在软件上，不断优化 App 的界面设计，简化操作流程，减少卡顿和报错现象，提高用户满意度，进而增强用户对平台的忠诚度，促使他们长期选择使用平台。

另一方面，紧密关注市场动态以及科技发展趋势，积极引入新技术、新功能，例如，随着虚拟现实（VR）技术的逐渐普及，可考虑开发基于 VR 的虚拟骑行体验功能，让用户在家就能仿佛置身于世界各地的著名骑行路线上；或者结合人工智能技术，为用户提供更加智能、精准的骑行建议和健康分析。

4.2.3 渠道策略

通过线上和线下相结合的营销模式，整合线上平台资源集中进行推广。

线上渠道方面主要通过社会化媒体进行推广，推广渠道主要包括小红书、抖音、微信等平台。通过广告和自媒体相结合的形式在平台进行推广，扩大知名度。为了线上销售渠道获得更好的宣传配合，我们还通过微信公众号以及相关视频号进行宣传。同时，充分利用互联网的优势，打造功能完善、界面友好的官方网站和移动端应用程序，方便用户随时随地了解平台的产品和服务信息、进行车辆预订、参与社交互动等操作。

在线下方面，与旅游景区、公园、城市自行车租赁点等合作，设置智慧骑行服务站点，投放智能自行车，拓展线下服务网络，让用户能够便捷地接触和使用到平台的服务。同时，加强与政府相关部门的合作，共同推广智慧骑行理念，争取政策支持，例如参与城市绿色出行项目建设，将平台纳入公共交通体系的一部分，进一步扩大市场渠道，提升平台的影响力和普及程度。

4.2.4 促销策略

通过开展丰富多彩的促销活动，能够有效吸引用户购买产品和服务，提升平台的知名度和用户参与度。

一方面，定期推出打折、满减、赠品等促销活动，例如在节假日或者特定纪念日，对自行车租赁费用进行打折优惠，或者用户消费满一定金额赠送骑行装备、平台积分等，刺激用户的消费欲望，增加平台的业务量。

另一方面，积极举办各类骑行活动、赛事等，营造良好的骑行氛围，吸引更多人关注和参与。比如，组织线上骑行挑战赛，设定不同的挑战主题和奖励机制，鼓励用户在规定时间内完成骑行任务，激发他们的竞争意识和参与热情；举办线下的骑行聚会、骑行公益活动等，增强用户之间的交流和互动，同时也提升了平台在社会上的美誉度。

此外，还可以与其他相关行业的企业进行联合促销，如与运动品牌、旅游景点、餐饮企业等合作，推出联名套餐、消费满减等活动，实现互利共赢，拓展用户群体，为平台的持续发展注入动力。

4.2.5 价格策略

制定合理的价格体系，根据不同的使用场景和时长进行差异化定价。

首先，根据不同的产品和服务特点，结合成本、市场需求以及竞争状况等因素，制定分层级、多样化的价格体系。对于基础的骑行功能，如简单的车辆租赁、常规路线规划等，设定相对亲民的价格，以吸引广大普通用户群体；而对于一些高级功能和增值服务，像个性化定制路线、专业的健康监测分析报告、专属的社交活动参与等，则可以收取适当的费用，满足对骑行有更高要求、愿意为优质服务付费的用户需求。

其次，采用差异化定价策略，充分考虑不同用户群体的消费能力、使用频率以及市场需求的差异进行定价。例如，针对学生、老年人等特定群体推出优惠套餐，鼓励他们参与骑行活动；对于旅游景区等高频使用场景，可以根据淡旺季、使用时长等因素制定灵活的价格策略，提高产品在不同市场环境下的竞争力，实现平台收益的最大化。

4.2.6 合作与资源整合

平台通过与多个不同主体开展广泛合作，整合各方资源，实现互利共赢，并不断拓展平台的服务范围。

与自行车制造商的合作模式多样，一方面，共同推动智能自行车的研发与生产，将平台所需的智能化功能（如智能锁、各类传感器、采集器等硬件设备）更好地集成到自行车产品中，从源头上保障车辆的质量和智能化水平，以满足用户对于智慧骑行的需求。例如，制造商根据平台反馈的用户使用数据和需求特点，对自行车的车架结构、材质选用等方面进行优化，使其更适合不同骑行场景；同时，对智能硬件进行升级迭代，提高数据采集的精准度和设备的稳定性。另一方面，在生产供应环节紧密协作，确保车辆的稳定供应，尤其是在平台业务拓展、车辆投放量增加的阶段，能够及时获得足够数量且符合质量标准的自行车，满足市场需求。

与景区的合作旨在为用户打造更具特色和吸引力的骑行体验。平台与景区管理方协商，在景区内合理设置自行车租赁点、驿站以及骑行路线规划等，方便游客在景区内便捷地租赁自行车进行游览。同时，借助景区的自然景观和人文资源，打造专属的网红打卡骑行路线，通过平台的智能导视系统、智能语音服务等功能，为游客提供详细的景点介绍、游玩攻略等信息，增强游客的骑行趣味性和互动性。例如，在一些著名的历史文化景区，平台可以结合景区的故事背景，为用户提供语音导览服务，让用户在骑行过程中深入了解景区的历史文化底蕴，实现骑行与旅游的深度融合，提升景区的吸引力和平台的用户黏性。

与商家（如餐饮、住宿、骑行装备店等）的合作则聚焦于为用户提供全方位的周边服务推荐。平台与周边的餐饮商家合作，基于用户的骑行位置，为用户精准推荐附近的特色美食餐厅、小吃摊等，并通过合作推出一些针对骑行用户的优惠活动，如消费满减、赠送饮品等，方便用户在骑行途中解决用餐问题；与住宿商家合作，为长途骑行或旅游骑行的用户提供周边酒店、民宿的预订服务，展示详细的住宿信息以及优惠套餐，帮助用户快速找到合适的休息场所；与骑行装备店合作，既可以为用户提供骑行装备的线上选购渠道，方便用户购买专业的骑行服装、头盔、手套等装备，又能在平台上为装备店进行推广宣传，吸引更多潜在客户，同时还可以联合举办一些骑行装备展销活动、新品试用活动等，增加用户与装备店之间的互动和消费机会。

此外，平台还会积极与政府部门展开合作，争取政策支持和资源倾斜。例如，在城市公共自行车项目推广方面，与交通部门合作，将平台纳入城市公共交通体系，共同规划建设自行车道、停车设施等基础设施，优化城市骑行环境；在举办大型骑行赛事活动时，与体育部门、文旅部门等合作，获得活动审批、场地协调、宣传推广等方面的支持，提升赛事的影响力和专业性，同时借助政府部门的公信力，进一步提高平台的品牌形象和社会认可度。

第 5 部分：盈利模式

5.1 车辆租赁费

平台通过向用户收取智能自行车以及相关配件租赁费用来获得收入，这是平台最基本的商业模式。平台可以根据不同的使用时长、时段、车型、配件类型、配件数量等制定差异化的价格策略。例如，按小时计费、按天计费，推出周卡、月卡、季卡、年卡等优惠套餐，以满足不同用户的需求，提高用户的使用频率和忠诚度。

5.2 广告收入

借助骑行 App 以及智能自行车显示屏等渠道来投放广告，进而获取广告收入。由于骑行群体具有一定的消费能力和特定的兴趣爱好，对于运动装备、健康食品、旅游景点等相关行业的广告主来说，平台是一个精准的广告投放渠道。例如，运动品牌可以在 App 的启动页面、骑行路线规划界面或者智能自行车的显示屏上展示其最新款的骑行服装、骑行装备等产品广告；旅游景区也可以投放广告，吸引骑行爱好者前往游玩。平台可以按照广告展示次数、点击量或者时长等方式与广告主进行收费结算。

5.3 软件增值服务收费

对于骑行 App 所提供的高级功能和增值服务，平台可以进行收费。比如，健康监测方面，除了基础的心率、骑行速度等数据记录外，提供更深入、专业的健康分析报告以及运动建议服务，可以根据长期骑行数据给出体能提升计划等，向有需求的用户收取费用；还有网红点在线打卡、社交分享功能中的一些特色服务，例如为用户提供个性的网红点在线打卡拍照或录视频功能；打造专属的骑行社交圈，提供活动组织、线上竞赛等功能，这些增值社交服务需要用户支付相应费用才能使用。

5.4 数据销售

平台能够将收集到的用户骑行数据进行分析和脱敏整理，然后销售给相关企业和机构，以此获取数据销售收入。这些数据涵盖了用户的骑行时长、骑行功率、心率、骑行轨迹、骑行里程等多维度信息，对于体育科研机构来说，可以用于研究不同人群的骑行习惯和体能状况，辅助制定科学的训练方法；对于自行车制造商，能够依据用户反馈数据来优化产品设计，提升产品性能；而保险公司也可以借助这些数据，更精准地评估骑行相关保险产品的风险，制定合理的保险费率。通过合法合规的数据交易，平台将数据资源转化为经济收益。

5.5 自行车及智能配件销售

随着平台市场规模的扩大，智能运动自行车越发受到骑行爱好者的青睐。例如一些追求高品质骑行的用户可能愿意购买配置有高精度健康监测传感器和专业级变速系统的智能自行车。这时候，企业可以通过与自行车制造商合作或自主生产，打造集成如GPS定位、心率监测、智能锁等多种先进功能的智能运动自行车，将产品推向市场，满足不同用户的需求，从而实现销售盈利。

同时，开发和销售与智能自行车相关的智能硬件产品，如智能头盔、运动手表、自行车配件等，这些智能硬件可以与共享骑行运动自行车的手机App进行连接，为用户提供更多的服务，如实时导航、运动监测、安全提醒等。通过销售配套智能硬件产品获得收入。可以根据产品的功能、品质、品牌等因素制订不同的价格策略。例如，功能强大、品质优良的智能硬件产品价格相对较高，而一般性的产品价格相对较低。同时，可以通过推出套餐、促销活动等方式提高产品的销售量。

5.6 会员服务模式

（1）推出个人用户会员制度

为用户提供会员服务，会员可以享受更多的优惠和特权。例如，会员可以享受更低的租赁价格、优先使用新款自行车、免费使用智能硬件产品、获得专属的客服服务等。

会员服务可以分为不同的等级，如普通会员、高级会员、超级会员等，每个等级的会员享受不同的权益和服务。会员费用可以根据会员等级、服务内容、有效期等因素进行定价。例如，高级会员的费用相对较高，而普通会员的费用相对较低；长期会员的费用可以给予一定的优惠。

（2）企业会员服务

为企业用户提供会员服务，满足企业员工的出行需求。例如，企业可以购买平台的企业会员服务，为员工提供免费或优惠的自行车租赁服务。企业会员服务可以包括定制化的车辆标识、专属的停车区域、定期的车辆维护等。企业会员服务费用可以根据企业的规模、员工数量、服务需求等因素进行协商确定。对于大型企业，可以提供更高端的服务和定制化的解决方案，收取相对较高的费用；对于小型企业，可以提供基本的服务，收取相对较低的费用。

第6部分：公司基本情况介绍

6.1 公司基本信息

在河北省石家庄市拟建××信息技术有限公司（简称“××公司”），致力于打造国内领先的智慧共享运动骑行平台。

公司将深度融合物联网、大数据与智能硬件技术，搭建起集智能骑行、运动社交、健康管理于一体的综合性共享骑行服务体系，为市民提供便捷、环保、安全的出行与运动新选择。

公司以“成为国内领先的智慧共享运动骑行平台”为愿景，秉持“便捷出行，绿色共享，健康生活”宗旨，践行“用科技赋能绿色出行，以服务传递健康生活”为使命，致力于为市民提供安全、环保的健康骑行服务，助力绿色城市建设。

6.2 公司组织架构

平台将采用扁平化的组织架构，提高决策效率和团队协作能力。扁平化组织架构围绕核心业务流程构建，打破传统部门间的壁垒，减少中间管理层次，使信息传递更为迅速和直接，能快速响应市场变化，增强企业的灵活性与适应性。例如，当市场上出现新的骑行需求趋势或者竞争对手推出新功能时，扁平化架构下的各团队能迅速沟通协作，快速作出决策并进行相应产品或服务的优化调整，避免了传统多层级架构下信息层层上报、决策层层下达导致的效率低下问题。

公司设立总经理、副总经理、技术研发部、市场营销部、运营管理部、财务部等部门，各部门之间分工明确、紧密协作。

总经理：全面负责公司的战略规划、整体运营以及重大决策，把控公司的发展方向，协调各部门之间的工作，确保公司各项业务有序推进，达成既定的经营目标。

副总经理：协助总经理开展工作，分管不同的业务板块，如有的副总经理负责技术研发与创新方面的管理工作，有的则侧重于市场营销与业务拓展等，根据公司发展阶段和实际需求，合理分担总经理的职责，提高管理效率。

技术研发部：汇聚了专业的软件开发工程师、硬件工程师、测试工程师以及数据分析专家等人才。主要负责平台的软件和硬件产品的研发与升级工作，包括智能硬件设备的开发与优化，骑行App的功能更新、界面设计改进，以及后台管理系统和数据分析平台的搭建与完善等，确保平台在技术上保持先进性，满足用户不断变化的需求。例如，持续优化智能自行车的定位精准度、智能锁的稳定性，提升App的健康监测数据准确性和路线规划的合理性等。

市场营销部：承担着市场调研、品牌推广、营销策略制定以及客户关系维护等重要职责。通过深入了解骑行市场动态、竞争对手情况以及目标用户群体的需求和偏好，制订针对性的营销方案，开展线上线下的宣传推广活动，提升品牌知名度和影响力，吸引更多用户使用平台。例如，策划举办骑行赛事、参与行业展会、在社交媒体上进行广告投放以及与骑行相关的KOL合作等，增加平台的曝光度和用户黏性。

运营管理部：负责平台日常的运营维护工作，涵盖车辆管理、用户服务、合作伙伴对接以及活动运营等多个方面。要确保智能自行车等硬件设备的投放布局合理、调度及时、维修保养到位，保障用户能够便捷地租赁和使用车辆；同时，处理用户在使用平台过程中遇到的各种问题，提供优质的客服服务；还要与各类合作伙伴（如自行车制造商、景区、商家等）保持密切沟通与协作，共同开展运营活动，实现互利共赢。比如，根据不同区域的用户需求和使用频率，合理调配车辆资源，组织线上线下的骑行活动等。

财务部：负责公司的财务管理工作，包括财务预算编制、资金筹集与运用、成本核算、财务报表编制以及财务风险控制等。通过合理规划资金，精准核算各项成本与收益，为公司的运营和发展提供财务支持与决策依据，确保公司财务状况的健康稳定，保障公司的可持续发展。例如，分析不同业务板块的成本结构，为产品定价和成本控制提供建议，根据财务数据预测公司的盈利趋势等。

6.3 公司团队建设

公司初创期团队人员共 10 人，其中创始团队 5 人，招聘员工 5 名（技术人员 3 名和市场人员 2 名）。

1.核心创业团队成员介绍

总经理兼研发负责人：李××，某国有上市公司河北分公司负责人，具有 15 年的 IT 行业工作经验，历任过项目经理、研发经理、架构师、副总经理等多个岗位，具有丰富的技术研发、产品设计和企业管理经验。

副总经理：姚××，具有 8 年省级国有文旅大型企业管理工作经验，在文旅行业具有一定的人脉关系和市场资源，负责公司的市场营销部和运营管理部。

市场营销部负责人：赵××，从事保险行业工作 7 年，担任公司财产险部管理工作以及政府业务对接工作，具有良好的市场推广渠道和政府资源。

运营管理部负责人：郭××，主修过管理学、人力资源管理、运筹学等管理类课程，曾先后担任过人事处、办公室等管理工作，具有丰富的人事管理和行政综合办公管理工作经验。

财务部负责人：王××，从事财务工作 10 余年，认真负责，现负责企业的全盘账务处理和税务申报工作，拥有丰富的财务实践工作经验。

2.团队组建机制

（1）招聘具有丰富经验和专业技能的人才，组建高素质的团队

在招聘过程中，针对不同部门的岗位需求，制定严格的招聘标准和流程。例如，对于技术研发部的岗位，要求应聘者具备扎实的计算机、电子信息等相关专业知识，有一定年限的软件开发、硬件设计或者数据分析等实践经验，熟悉行业内的前沿技术和发展趋势；市场营销部的人员则需要具备良好的市场洞察力、沟通能力和创新思维，有过成功的品牌推广、活动策划等营销案例经验；运营管理部的员工要具备较强的组织协调能力、问题解决能力以及服务意识，能够熟练应对复杂的运营工作场景等。通过多种招聘渠道，如招聘网站、行业论坛、校园招聘、内部推荐等，吸引优秀人才加入公司，构建一支专业素养高、综合能力强的团队。

（2）加强团队培训和学习，提高团队的业务水平和创新能力

定期组织内部培训课程、分享会以及外部学习交流活动。内部培训由公司内部的资深专家或者邀请外部行业讲师，针对最新的技术知识、业务流程、营销策略等方面进行授课讲解，帮助团队成员不断更新知识体系，提升专业技能。例如，技术研发部开展新的编程语言、智能硬件开发技术的培训；市场营销部学习新的社交媒体营销玩法、数字化营销工具的使用等。分享会则鼓励团队成员之间相互交流工作经验、项目案例以及创新想法，促进知识共享和思维碰撞，激发创新灵感。同时，积极安排团队成员参加行业内的研讨会、展会、培训课程等外部学习活动，拓宽视野，了解行业的最新动态和竞争对手的优秀做法，为团队的发展和创新提供借鉴。

（3）建立良好的激励机制，吸引和留住优秀人才

激励机制包括物质激励和精神激励两方面。物质激励方面，设立合理的薪酬体系，根据岗位的职责、难度以及员工的绩效表现，提供具有竞争力的薪资待遇；同时，设置奖金制度，如项目奖金、创新奖金、业绩提成等，对在工作中表现突出、为公司作出重要贡献的员工给予额外的经济奖励。例如，技术研发团队成功推出受用户欢迎的新功能、市场营销团队完成重要的推广项目、运营管理团队实现用户活跃度和满意度的显著提升等，相关团队成员都能获得相应的奖金激励。精神激励方面，通过表彰优秀员工、颁发荣誉证书、晋升机会等方式，满足员工的成就感和职业发展需求，增强员工对公司的认同感和归属感。例如，定期评选“月度优秀员工”“年度创新之星”等，在公司内部进行公开表彰，为优秀员工提供晋升通道，让他们在公司能够获得更好的职业发展空间，从而吸引和留住优秀人才，保持团队的稳定性和活力。

第 7 部分：财务预测

7.1 资金来源与使用计划

7.1.1 资金来源

预计项目成立初需要启动资金 500 万元，主要用于车辆采购、平台研发、

市场推广、运营管理等方面。

公司在创业初期由团队成员自筹资金 100 万元，吸引风险投资 150 万元以化解风险，向银行短期借款 100 万元（一年期）以保证现金流，长期借款 150 万元（三年期）以缓解企业运营初期的资金问题。

7.1.2 资金使用

项目初期启动资金主要用于车辆采购、平台研发、市场推广、运营管理等方面。具体资金使用计划如下。

（1）车辆采购：拟投入 200 万元，采购高品质的智能共享运动自行车 1000 辆，确保车辆的安全性和舒适性。

（2）平台研发：投入 120 万元，用于开发和完善平台后台管理、手机 App、智能锁控、车辆定位、健康监测等系统功能，提高用户体验和运营效率。

（3）市场推广：投入 50 万元，用于品牌建设、产品推广、活动策划等方面，提高品牌知名度和市场占有率。

（4）运营管理：投入 80 万元，用于人员招聘、培训、办公场地租赁、设备采购等方面，确保项目的正常运营。

（5）流动资金：投入 50 万元，用于应对突发情况和日常运营中的资金周转需求。

7.2 财务预测

7.2.1 成本预测

（1）车辆采购成本：200 万元，按 5 年折旧计算，每年折旧费用为 40 万元。

（2）研发成本：120 万元，按 2 年摊销计算，每年摊销费用为 60 万元。

（3）市场推广成本：第一年投入 50 万元，以后每年增长 20%。

（4）运营管理成本：第一年投入 80 万元，包括人员工资、办公场地租赁、办公设备采购等费用，预计每年 25%的增长。

（5）财务费用：根据融资方式和资金使用情况，预计每年财务费用为 20 万元。

表 7-5　三年成本预测表

单位：万元

		第一年	第二年	第三年	小计
投入车辆费用		40	80	120	240
研发费用		60	60	0	120
市场推广费用		50	60	72	182
运营管理费用	人员工资	35	62	85	182
	办公场地租赁	20	20	20	60
	办公设备采购	20	10	10	40
	其他	5	8	10	23
财务费用		20	20	20	60
合计		250	320	337	907

7.2.2 收入预测

预计第一年投放车辆 1000 辆，每辆车每天平均使用次数为 3 次，每次使用费用为 6 元，年收入为 657 万元。

随着业务的拓展和市场占有率的提高，预计未来 3 年内，每年车辆投放数量和使用次数将以 20%的速度增长，收入也将相应增加。具体见表 7-6。

表 7-6　三年收入预测表

	第一年	第二年	第三年	合计
投入车辆数量/辆	1000	1200	1440	3640
平均每天使用次数	3	3.6	4.3	—
营业收入/万元	657	946.08	1356.04	2959.12

7.2.3 毛利预测

根据上述三年成本预测表和营业收入预测表。可测算出 3 年的毛利总和为 2052.12 万元。具体见表 7-7。

表 7-7　三年毛利预测表

单位：万元

	第一年	第二年	第三年	小计
营业收入	657	946.08	1356.04	2959.12
营业成本	250	320	337	907
毛利	407	626.08	1019.04	2052.12

7.3 财务报表

表 7-8 资产负债预测表

单位：万元

	第一年度	第二年度	第三年度
流动资产：	—	—	—
货币资金	707	1093.08	1844.12
应收账款	—	—	—
存货	—	—	—
流动资产合计	707	1093.08	1844.12
非流动资产：	—	—	—
固定资产	220	413.7	615.4
累计折旧	46.3	86.3	126.3
在建工程	—	—	—
无形资产	—	—	—
非流动资产合计	173.7	327.4	489.1
资产合计	880.7	1420.48	2333.22
流动负债：	—	—	—
短期借款	100	0	0
应付账款	—	—	—
应付职工薪酬	—	—	—
流动负债合计	100	0	0
非流动负债：	—	—	—
长期借款	150	150	150
非流动负债合计	150	150	150
所有者权益：	—	—	—
实收资本	500	500	500
资本公积	—	—	—
未分配利润	130.7	770.48	1683.22
所有者权益合计	630.7	1270.48	2183.22
负债和所有者权益合计	880.7	1420.48	2333.22

表 7-9　利润预测表

单位：万元

	第一年	第二年	第三年
一、营业收入	657	946.08	1356.04
减：营业成本	200	240	288
销售费用	50	60	72
管理费用	80	100	125
研发费用	60	100	100
财务费用	20	20	20
其中：利息费用	—	—	—
利息收入	—	—	—
二、营业利润（亏损以“-”号填列）	247	426.08	751.04
加：营业外收入	—	—	—
减：营业外支出	—	—	—
三、利润总额（亏损总额以“-”号填列）	247	426.08	751.04
减：所得税费用	49.7	85.22	150.21
四、净利润（净亏损以“-”号填列）	197. 3	340.86	600.83

表 7-10　预测现金流量表

单位：万元

项目	第一年	第二年	第三年
无形资产投资	—	—	—
流动资产投资	—	—	—
销售收入	657	946.08	1356.04
付出成本	410	520	605
税前利润	247	426.08	751.04
所得税	49.7	85.22	150.21
税后净利	197.3	340.86	600.83

7.4 财务可行性分析

7.4.1 计算净现值 NPV

表 7-11 净现值分析

单位：万元

项目	第 0 年	第 1 年	第 2 年	第 3 年
净现金流量	-500	137.6	400.86	600.83
净现值	-500	96.90	198.80	209.86
累计净现值	-500	-403.10	-204.3	5.56

考虑到目前银行贷款利率、资金的机会成本和投资的风险性等因素，i 取42%。此时 NPV=5.56（万元）>0，远大于零，表明计算期内盈利能力很好，投资方案可行。

7.4.2 计算内涵报酬率 IRR

根据计算可以得出，当 i=42%时，NPV=5.56；当 i=43%时，NPV=-2.27
IRR=42%+[（43%-42%）/（|5.56|+|2.27|）]×|5.56|=42.71%。

7.4.3 获利指数

获利指数考虑了时间价值，因此能够真实地反映投资项目的盈利能力。但获利指数只代表获得收益的能力，并不能代表实际收到的财富。根据获利指数计算公式可求得该项目的获利指数。

其获利指数为：（125.09+364.42+546.21）/500=2.07。

求得获利指数 PI=2.07>1，说明该方案可行。

7.4.4 可行性分析

本项目的净现值为 5.56 万元，回收期为 5.07 年，内含报酬率为 42.71%，本项目利润高，在财务上可行。

7.4.5 总体评价

公司主要的财务指标如下：

投资净现值：NPV=5.56 万元。

动态投资回收期：5.07 年。

内含报酬率：IRR=42.71%。

借款偿还期：3 年。

从以上财务指标看出，该项目投资回收期短，净现值大于 0，内含报酬率大于资金成本率 10%，会计收益可观，项目可行性较高。

第 8 部分：风险管理与退出机制

8.1 风险分析

8.1.1 技术风险

智能硬件和软件服务的技术更新换代快，存在技术落后的风险。随着科技不断发展，新的传感器技术、更精准的定位系统以及更优化的算法等层出不穷，如果平台不能及时跟进这些技术更新，所提供的产品和服务可能很快就无法满足用户日益增长的需求。例如，若其他竞品率先采用了功耗更低、精度更高的心率传感器，而平台依旧使用旧款传感器，那么在健康监测功能的准确性和用户体验上就会处于劣势。此外，软件方面如 App 的界面设计、功能布局等若不能与时俱进，适应新的用户操作习惯和审美趋势，也可能导致用户流失。

8.1.2 市场风险

市场竞争激烈，存在市场份额被竞争对手抢占的风险。目前骑行市场虽然前景广阔，但各类参与者众多，既有传统的自行车租赁商家，也有新兴的智能骑行平台以及其他相关的出行服务提供商等。这些竞争对手可能通过更低的价格、更丰富的服务内容、更强的品牌影响力等方式来吸引用户，从而抢夺平台的市场份额。例如，一些大型的共享单车企业凭借庞大的车辆投放量和广泛的城市覆盖范围，已经积累了大量的用户基础，若平台在差异化竞争方面做得不够突出，很容易在市场竞争中陷入被动。

8.1.3 政策风险

政府对绿色出行的政策支持力度可能会发生变化，存在政策风险。虽然当前政府大力倡导绿色出行，对骑行相关产业多有扶持，比如建设更多的自行车道、出台鼓励共享单车发展的政策等。但未来随着城市整体交通规划的调整、产业发展重点的转移等因素影响，对平台这类项目的支持政策可能会有所变动。例如，若政府对自行车投放数量进行严格限制，或者减少对绿色出行项目的资金补贴等，都会给平台的运营和发展带来不利影响。

8.1.4 资金风险

项目启动资金需求量大，存在资金短缺的风险。平台的建设涉及多方面的投入，从智能硬件的研发、采购，到软件的开发、测试，再到市场推广、团队组建等，都需要大量资金支持。而且在项目初期，收入来源相对有限，可能需要较长时间才能实现收支平衡，如果资金筹集渠道不畅或者资金使用规划不合理，很容易出现资金短缺的情况，进而影响项目的正常推进，甚至可能导致项目夭折。

8.2 风险管理措施

8.2.1 技术风险管理

加强技术研发投入，不断推出新的产品和服务，提高技术竞争力。例如，定期安排研发团队进行市场调研，了解最新的智能硬件技术和软件算法应用情况，结合平台自身特点，将先进的技术融入产品功能中，如开发更智能的骑行路线规划算法，根据实时路况、用户体能等多因素动态调整路线；对智能自行车的硬件进行升级，提高其续航能力、定位精准度等。

与科研机构和高校合作，共同开展技术研发，提高技术水平。可以和专业的电子信息类高校合作，利用其在传感器技术、通信技术等方面的科研优势，共同研发适合平台的高性能硬件设备；也可以与计算机科学相关的科研机构合作，优化骑行 App 的后台算法，提升数据处理速度和用户体验，通过这种产学研合作的方式，加速技术创新，保持平台在技术领域的领先地位。

8.2.2 市场风险管理

加强市场调研和分析，了解市场需求和竞争对手情况，制定合理的市场营销策略。安排专业的市场调研团队，定期收集用户反馈，分析用户对现有功能的满意度、期望增加的功能等；同时密切关注竞争对手的动态，包括其产品更新、价格调整、营销活动等，根据这些信息，及时调整平台的营销策略，如推出针对性的优惠活动、优化产品功能宣传重点等，以提高市场竞争力。

不断提升产品质量和用户体验，提高用户满意度和忠诚度。从硬件的耐用性、稳定性到软件的易用性、流畅性等各个方面严格把关，例如，加强对智能自行车的质量检测，确保其在各种复杂路况下都能正常使用；优化 App 的界面设计，简化操作流程，让用户能够轻松便捷地使用各项功能，通过优质的产品和服务，增强用户对平台的好感和依赖，减少用户流失的可能性。

8.2.3 政策风险管理

关注政府政策动态，及时调整项目发展规划和商业模式，适应政策变化。安排专人负责跟踪政府相关部门发布的交通、环保等领域的政策法规，建立政策预警机制，一旦发现可能影响平台发展的政策变动趋势，及时组织内部团队进行研讨，分析对业务的具体影响，并相应地调整平台的发展规划，比如调整车辆投放计划、优化服务内容以符合新的政策要求等，确保平台始终能够在政策允许的框架内健康发展。

8.2.4 资金风险管理

制订合理的资金使用计划，合理安排资金，确保项目的顺利进行。根据项目的不同阶段和各项业务的优先级，详细规划资金的分配，例如在项目启动初期，将更多资金投入核心技术研发和基础市场推广上；在运营阶段，合理安排资金用于车辆维护、服务器租赁、人员工资等方面，同时建立资金监控机制，定期对资金使用情况进行复盘和评估，避免资金的浪费和不合理支出。

积极寻求融资渠道，如天使投资、风险投资、银行贷款等，解决资金短缺问题。准备详细的商业计划书和项目可行性报告，向潜在的天使投资人、风险投资机构展示平台的发展前景、商业模式和盈利潜力，争取获得外部投资；同时，与银行等金融机构保持良好沟通，根据平台的实际经营情况，申请合适的贷款额度，拓宽资金来源，保障项目有充足的资金支持。

8.3 退出机制

8.3.1 回购

公司也可以考虑进行股票回购，即从投资者手中购回一部分或全部股权。这有助于提高公司的股票价值，同时为投资者提供一种退出选择。

8.3.2 上市融资

如果平台取得了良好的业绩和市场份额，且市场环境适宜，公司可能选择通过首次公开募股进行资本退出。这将允许投资者通过股票上市来实现投资回报。

8.3.3 股权转让

投资者可以选择在私人市场上出售其股权，将公司转让给其他私募股权投资者或投资机构。这种方式通常要依赖于公司内部或外部的估值，并通过私下协商完成。

8.3.4 并购重组

（1）平台发展良好，具有一定的客户群体和市场规模，引起其他大型共享骑行公司、科技公司或自行车相关企业的兴趣，看中其技术、用户基础或市场份额，从而愿意通过并购来获取这些资源，进入这个市场。投资者可以通过并购重组的机会退出。

（2）在市场拓展过程中，公司在软件产品和平台运营上展现出独特的创新能力和产品力，然而在硬件设备设计和市场渠道的开拓方面稍显薄弱，而与此同时，市场上竞争对手在市场上拥有无可比拟的强大实力，能够生产出高品质、高性能的骑行智能硬件设备，可却因缺乏软件运营的专业经验与资源，致使其在智慧骑行完整生态的构建上存在短板。在这种技术研发与市场渠道、软件运营与硬件制造存在显著互补性的情形下，双方通过并购重组的合作模式实现资源的深度整合与优势的完美互补，进而大幅提升企业的整体竞争力。这一过程中，投资者可选择股权置换、股票变卖等多种方式来退出市场。

具体的退出方式会根据公司的发展阶段、市场状况、投资者的期望和行业趋势而有所不同。通常，最终的资本退出方式是根据公司的具体情况和投资者的利益来决定的。

参 考 文 献

[1] 邓立治. 商业计划书：原理、演示与案例[M]. 北京：机械工业出版社，2018.

[2] 埃里克·莱斯.精益创业：新创企业的成长思维[M]. 吴彤，译. 北京：中信出版社，2014.

[3] 史蒂夫· 布兰克.创业者手册：教你如何构建伟大的企业[M]. 新华都商学院，译. 北京：机械工业出版社，2013.

[4] Steven Gary Blank.四步创业法[M]. 七印部落，译. 武汉：华中科技大学出版社，2012.

[5] 何颖，唐葆君，孙星.创新管理[M].北京：经济管理出版社，2009.

[6] 苏杰. 人人都是产品经理[M]. 北京：电子工业出版社，2017.

[7] Karl T. Ulrich，Steven D. Eppinger. 产品设计与开发[M]. 杨青，吕佳芮，詹舒琳，等译. 北京：机械工业出版社，2015.

[8] 莫瑞亚.精益创业实战[M]. 张玳，译. 北京：人民邮电出版社，2013.

[9] 龚焱.精益创业方法论[M]. 北京：机械工业出版社，2015.

[10] 蒂莫西·克拉克，亚历山大·奥斯特瓦德，伊夫·皮尼厄.商业模式新生代[M]. 毕崇毅，译. 北京：机械工业出版社，2012.

[11] 拉蒙·卡萨德苏斯. 在竞争中设计商业模式[J]. 哈佛商业评论（中文版），2011（7）：121-130.

[12] 里斯·安德森.免费[M]. 2 版. 蒋旭峰，冯斌，璩静，译. 北京：中信出版社，2012.

[13] 亚历山大·奥斯特瓦德，伊夫·皮尼厄，格雷格·贝尔纳达，等. 价值

主张设计：如何构建商业模式最重要的环节[M]. 余锋，曾建新，李芳芳，译. 北京：机械工业出版社，2015.
[14] 魏炜，朱武祥. 发现商业模式[M]. 北京：机械工业出版社，2009.